TPPと農林業・国民生活

田代 洋一 編著

筑波書房

はじめに

　TPP（環太平洋パートナーシップ協定）が2015年10月5日に「大筋合意」し、2016年2月4日に署名され、条文が確定した。
　これで各国とも批准に向けての国会審議に入ることになる。アメリカのそれは大統領選と絡んで2017年以降になりそうだが、安倍政権は2016年の通常国会で批准する構えでいる。遅れて参加した日本はアメリカ以上に前のめりし、焦っている。
　その理由は夏の参院選（あるいは衆参同一選挙）に備えるためである。そのため政府は、TPPの内容や影響を十分に検討し、それを国民に知らせるのではなく、早々と農業に関する「国内対策」を打ち出すことで農村票を買収しようとし、マスコミはその国内対策をバラマキと批判することで農業の孤立化と農林予算の縮減を図っている。
　このような状況下で、TPPの発効があたかも既成事実であるかのような風潮も強まっている。農協「改革」攻撃で、これまで「反対」の先頭に立ってきた農協中央の気勢も大きくそがれている。そのようななかで個々の農業経営者や農協経営者は、TPP発効に備えた経営対応もまた準備せざるを得ない苦境に立たされている。
　しかし、TPPは、グローバリゼーションの時代の日本の「国のかたち」を決める問題である。その影響の及ぶ射程を見極めることもなく、参院選という一時の政局問題、そこにおける党利党略にすり替えることは余りに姑息であり、許されない。
　いよいよ国会論議が本格化するが、日本では2013年にTPP交渉に参加するにあたって、衆参両院で国会決議がなされている。まずは決議に反していないかが厳しく問われる。国会が自分で決議したことを自分で検証しなければ、日本の民主主義は死んでしまう。

もちろん国会に任せておいていい問題ではない。国民にとってTPPとは何なのかを幅広く議論する必要がある。なぜ日本はTPPでかくも大幅な妥協をしたのか、なぜアメリカよりも合意を焦るのか、TPPはいかなる影響を及ぼすのか、国内対策はその影響を遮断できるのか、そもそもTPP（交渉）の本質は何なのか。そのような点をじっくり考える必要がある。

　本書が最も強調したいことは次の二点である。第一は、決して批准を焦らないことである。国民の納得がいくまでじっくり考えることである。TPP早期批准阻止の一点が世論の大勢になることを切望する。

　第二点は、TPPが農林水産業のみならず、国民生活に大きな影響を与える点である。国民とともにTPPを考える。その一環として農業・食料問題を位置づける。これが本書の基本スタンスである。

　そのため第2、3章で農業、林業をとりあげるとともに、第4章では食の安全性、第5章ではTPPと医療・医薬品の問題を取り上げた。さらに第6章で国が国民の安全・健康・環境を守るための主権を制限するISDS条項をとりあげた。

　TPPは、戦中戦後に生まれた農業者世代がリタイアする時期に重なる。TPP問題を受けて立つ日本の農業構造はどうなっているのか。その点を第7章で確認した。第8章ではTPPに先立つ米韓FTA（自由貿易協定）下の韓国の状況をみることでTPPの行く末を考える。

　第1章ではTPPにかける米日の狙いやTPPの本質について論じた。具体的なTPP問題を知りたい向きは、第2章以下を読まれてから第1章に立ち戻っていただいても構わない。

　本書は、それぞれの執筆者が他のグループとも協同して膨大な協定文書の原文や仮訳、譲許表等に当たりつつ、短い時間で取り組んだ。水産業など欠けている論点もあり、また見落としている点も多々ありうる。TPPという巨大な多面体には、いろんな立場、角度からの多様なアプローチが必要である。本書もその一つたらんことを願っている。

2016年2月　編者

TPPと農林業・国民生活　目次

はじめに ……………………………………………………………［田代　洋一］…… 3

第1章　TPP交渉の本質をどうみるか……………………………［田代　洋一］…… 11
　1．TPP「大筋合意」とは ………………………………………………………………… 11
　　底なし沼への「大筋合意」…… 11
　　過去の妥協を隠す「大筋合意」…… 13
　　日本の妥協 …… 13
　2．米日政府にとってのTPP交渉 ……………………………………………………… 17
　　アメリカのリバランス戦略とTPP …… 17
　　2014年4月——日米交渉は山を越した …… 18
　　2015年——安保法制とTPP …… 20
　　日本にとってのTPP …… 21
　　アメリカにとってのTPP …… 23
　3．TPPの影響をどう捉えるか ………………………………………………………… 25
　　「大筋合意」と国会決議の整合性 …… 25
　　政府の経済効果分析は正しいか …… 27
　　農産物の輸入量は増えない!? …… 29
　　TPPの真の影響 …… 31
　　TPPと農協 …… 34
　　TPPで輸出や食品価格はどうなるか …… 35
　4．「国内対策」の問題点—TPPとWTO— ………………………………………… 36
　　コメ備蓄制度の課題 …… 37
　　「黄の政策」…… 38
　　グローバル化時代の日本農政の課題 …… 40
　5．TPP（交渉）の本質との戦い—国民的理解に向けて— ………………………… 41

第2章　TPPと農業 ［東山　寛］…… 45

1．TPP農業交渉の特徴 …… 45
2．TPPの関税撤廃構造 …… 48
　（1）関税撤廃率の比較 …… 48
　（2）農林水産品の関税撤廃構造 …… 50
　（3）重要5品目の関税撤廃構造 …… 53
3．TPPにおける重要品目の扱い …… 55
　（1）譲許表の特徴 …… 55
　（2）関税撤廃以外の譲歩 …… 56
　（3）TPPの見直し条項 …… 57
4．TPPと農業保護政策 …… 58
　（1）米麦 …… 59
　（2）砂糖 …… 62
　（3）畜産物 …… 65

第3章　TPPと森林・林業―脅かされる地方自治体による地域産材の振興― ［佐藤　宣子］…… 71

1．はじめに …… 71
2．木材需給構造の変化と林業振興策の特徴 …… 72
　（1）高度経済成長期における木材不足と丸太関税の撤廃 …… 72
　（2）1980年代以降の更なる自由化と間伐問題 …… 75
　（3）資源の成熟化と需要拡大政策
　　　―2000年代以降の自給率回復の局面― …… 77
3．林産物のTPP「大筋合意」の内容と楽観論 …… 80
　（1）日本の林産物に関する「大筋合意」の内容 …… 80
　（2）TPP参加国の林産物交渉結果と環境分野での交渉 …… 82
　（3）国内林業への影響試算と楽観論 …… 83
　（4）参加国の林産物貿易の実態とアメリカの林産物輸出増加 …… 85
4．懸念される森林・林業分野での非関税障壁撤廃の圧力 …… 87
　（1）NAFTA（北米自由貿易協定）での訴追事例 …… 87

（2）アメリカで日本の自治体林業施策研究が開始 …… 88
　　（3）木材利用ポイント制度で既に始まっている自治体政策への干渉 …… 88
　5．おわりに ……………………………………………………………………… 90

第4章　TPPと食の安全　　　　　　　　　　　　　　　　［山浦　康明］…… 93
　1．はじめに ……………………………………………………………………… 93
　2．食の安全基準はどうなる …………………………………………………… 93
　　【SPS委員会を新たに設置】…… 94
　　【リスクアナリシスの重視】…… 94
　　【WTOのSPS協定との比較】…… 97
　　【国際機関の重視が持つ意味】…… 98
　　【輸入禁止措置も制約される？】…… 99
　　【48時間ルールが原則になる？】…… 99
　3．食品表示ルールはどうなる ……………………………………………… 100
　　TBT協定の主なポイント …… 101
　　【日本の食品表示制度】…… 104
　4．食品安全行政がグローバル企業に有利な姿に ………………………… 104
　参考　日本政府の発表したTPP協定の概要（2015年11月5日）……… 108

第5章　TPPと医療・医薬品　　　　　　　　　　　　　　［東　公敏］…… 113
　1．社会保障制度はTPPの対象外か ………………………………………… 113
　2．なりふり構わぬ特許期間の延長要求
　　　　―「知的財産」章をめぐって― …………………………………… 114
　　（1）医薬品特許に正当性はあるか …… 114
　　（2）医薬品特許の国際的な対抗・連携関係 …… 117
　　（3）医薬品特許「大筋合意」の内容 …… 121
　3．薬価決定に製薬企業が口を挿める仕組み
　　　　―「透明性」章をめぐって― …………………………………… 125
　　（1）企業利害としての「透明性」…… 125
　　（2）附属書で医薬品等を特別扱い …… 126

4．二国間交渉における対日要求─『米国外国貿易障壁報告書』─
　　　　 ··· *128*
　　　（1）営利化要求から医薬品要求へシフト …… *128*
　　　（2）新薬創出加算という"特別手当" …… *128*
　　5．製薬大企業のグローバル展開と政府の産業政策 ························· *130*
　　　（1）世界市場と日本市場 …… *130*
　　　（2）ビッグファーマと国内製薬企業 …… *131*
　　　（3）TPPと符合する産業振興策 …… *133*
　　　（4）国民にとっての「TPPと医薬品」問題 …… *134*

第6章　国民生活への罠─ISDSの狙い─ ································· ［磯田　宏］…… *137*
　　1．はじめに─投資家国家間紛争条項をめぐる懸念と論点─ ………… *137*
　　2．TPP協定における「投資」の概念とISDS対象
　　　　─外国投資家の極めて広範囲な「権利」を包含する─ ················· *141*
　　　（1）「投資」そのものの概念規定 …… *141*
　　　（2）「投資」以外にもISDS訴訟対象は広げられている …… *142*
　　3．受入国政府には外国からの投資に対していかなる「義務」が課され
　　　るのか─何に「違反」するとISDS訴訟対象になり敗訴する危険が生
　　　じるのか─ ··· *144*
　　　（1）「内国民待遇」…… *144*
　　　（2）「待遇に関する最低基準」…… *146*
　　4．日本政府の「懸念払拭説明」は妥当性を持つか ························· *149*
　　　（1）公共福祉目的の規制・政策はISDS対象外になるか …… *149*
　　　（2）政府のいう「濫訴防止規定」は有効か …… *153*
　　　（3）仲裁廷の「公平性」「中立性」が確保されるか …… *157*
　　5．結論 ··· *162*

第7章　日本農業の現段階とTPP―2015年農業センサス―
　　　　　　　　　　　　　　　　　　　　　　　　　　　［江川　章］…… *163*
　1．課題と構成 …… *163*
　2．農業センサスからみた構造変化の特徴 …… *165*
　　（1）農家・農地の長期的減少と構造変化 …… *165*
　　（2）農業構造にかかわる主要指標の動向 …… *167*
　3．農家と経営耕地面積の動向 …… *169*
　　（1）農家の動向 …… *169*
　　（2）大規模経営体の形成と農地集積 …… *172*
　　（3）農地利用の動向：借入耕地と耕作放棄地 …… *176*
　4．農業労働力の高齢化と農業後継者の確保 …… *179*
　　（1）基幹的農業従事者の年齢構成の変化 …… *179*
　　（2）高齢労働力の動向 …… *181*
　　（3）農業後継者の確保状況 …… *182*
　5．おわりに …… *184*

第8章　米韓FTAからTPPをみる ……………［品川　優］…… *187*
　1．はじめに …… *187*
　2．対米貿易の変容 …… *188*
　3．韓国農業への影響 …… *190*
　　（1）農畜産物貿易の推移 …… *190*
　　（2）牛肉輸入の推移 …… *191*
　　（3）FTA被害に対する政策支援 …… *192*
　4．医薬品・医療機器―許可・特許連係制度を中心に― …… *199*
　　（1）許可・特許連係制度の導入経緯 …… *199*
　　（2）許可・特許連係制度以前の仕組み …… *199*
　　（3）許可・特許連係制度の仕組み …… *200*
　　（4）小括 …… *202*
　5．農協の保険サービス …… *203*

6．投資・ISDS ………………………………………………… *205*
　　7．まとめ ……………………………………………………… *207*
第9章　TPPを国民的課題へ ……………………… [田代　洋一] … *213*
　　はじめに … *213*
　　経済軍事同盟強化としてのTPP … *213*
　　TPPと農林水産業 … *215*
　　WTOとFTA・TPP … *216*
　　TPPと国民生活 … *218*
　　米韓FTAからみたTPP … *221*
　　TPPと農業の世代交代 … *222*
　　じっくり国民的論議を … *224*

第1章
TPP交渉の本質をどうみるか

田代　洋一

1．TPP「大筋合意」とは

底なし沼への「大筋合意」

　TPPは2015年10月5日に「大筋合意」し、2016年2月4日には署名され、条文が確定した。

　10月5日の合意について、TPP閣僚声明は「環太平洋パートナーシップ（TPP）が成功裏に妥結した（原文はsuccessfully concluded）」（外務省仮訳）としているが、日本は「妥結した」と仮訳しながら、敢えて「大筋合意」という語を用いている。

　その理由は、細部の詰めがまだ残っているということのようだが[1]、それ自体は各国とも同じことで、日本だけが「妥結」ではなく、「大筋合意」とする理由にはならない。また署名・条文確定をもって「大筋合意」の「大筋」が取れるのかも定かではない。

　「大筋合意」という言葉には二つの意味が考えられうる。一つは、発表さ

（1）「細部の細部の全ての品目について、全ての運用まで含めて決まっているかと言いますと、そうでない部分もございます。案はございますけれども、それをまた各国がメールでやりとりをしていて、本当にこれでいいかどうかチェックをするという作業はまだ継続してございます。……最終確認中ということで、すべてのものについて出すことはやめようという形で12カ国が合意されております」（農水省、2015年10月9日の「TPP説明会概要」）。これが農水省解釈なのか、政府全体のそれなのかは定かでない。

れた条文に即しても、詳細や今後の扱いが小委員会⁽²⁾、協議制度⁽³⁾、再協議⁽⁴⁾等に委ねられ、先送りされており、TPP交渉が2015年の協定案をもって確定されるものでないからである。また日米二国間並行交渉では今後の協議を約束させられたものが多い。その意味ではなかば永遠に「大筋合意」なのであり、「大筋合意」とは、そこにはひとたび嵌ったら、後はずるずると深みにはまる「底なし沼」あるいはブラックホールへの入り口だといえる。

　もう一つは、TPP交渉が、交渉内容をメールのやり取りに至るまで発効あるいは非成立時から4年間は秘匿するという秘密交渉であり、合意の全容は隠されており、公表されたものは氷山の一角に過ぎないという意味での「大筋合意」である⁽⁵⁾。これまた各国に共通のことだが、日本がとりわけ秘匿約束に忠実、言い換えれば国民に対して交渉内容を秘匿する点で際立っており、万が一秘匿事項が明るみに出た時も、「公表したのは大筋合意だったのだ」と弁明できる便利な言葉でもある⁽⁶⁾。

（2）例えば、農業貿易に関する小委員会（1章25条）、衛生植物検疫措置（7章5条1）。
（3）例えば日米二国間で医薬品・医療機器に関して「あらゆる事項について協議」する。
（4）例えば第2章（市場アクセス）の付属書では日本は発効から7年以降に豪、カナダ、チリ、NZ、米の再協議に応じることとされ、また第15章（政府調達）は発効3年以内に適用範囲の交渉を開始する。
（5）日本農業新聞2015年2月7日は「米国産米シェア保障の闇」として、山田優編集委員の署名入り記事を載せている。そこでは、ガットURの最終局面（1993年）で、MA米の半分を米国産に充てる口頭約束が、オメーラ元農務省特別交渉官と塩飽二郎元農水省審議官との間で「日本政府の明確な約束」として交わされたとしている。3月20日（さらに4月1〜3日）の続報では、2000年以降、2年を除いて47％前後としている。農水省は否定するが、入札方式で割合が固定することはありない。
（6）さらに日本では交渉担当の甘利大臣が辞任した。辞任自体は当然のことが、しかしそれにより交渉責任者が国会での説明責任を免れることになり、言い換えれば「口封じ」となり、交渉の真実はさらに深い闇に包まれることになった。

過去の妥協を隠す「大筋合意」

「大筋合意」は、「交渉の大枠」という意味では、日本は既に2015年4月の日米首脳会談でしてしまっている。その内容は後述する讀賣新聞のリークと言う形で表面化したが、林前農相は、これらの報道について、「幕を開けてみると確かに当たっていたものもあるが外れていたものもある」としつつ、「政府としては、大筋合意しましたという瞬間までは全部ひっくり返るかもしれない」、だから「途中でこういう案でやっているということは（公表）できない」と弁解している（JA全国大会での講演）。しかしとりわけ日米二国間交渉で一度妥協してしまったものは絶対に元に戻らない。

本当は2014年に妥協してしまったことを、あたかも2015年10月のそれであるかのごとくに言いつくろう。そこに「2015年10月大筋合意」の意図がある。もしも2014年4月の「大筋合意」が、その時点で公表されていたら、そのあまりの対米妥協的な内容からして大きな反発を受け、その後の安保法制等を含む政局展開、とくに農協法等改正はなかったかもしれない。詳細が固まっていないという口実で、「合意」の時点を2014年4月から2015年10月にずらしたことの政治的意味は計り知れない。

日本の妥協

「大筋合意」で、日本はどのような妥協をしたのか。その詳細は次章以下に譲り、ここではアウトラインを示すにとどめる。しかしその前に指摘すべきことがある。

というのは妥協や「被害者」の側からのみTPPを評価することの一面性である。被害だけだったら、TPPに参加したのはたんなる日本の外交錯誤になってしまう。他方では日本はTPPの受益者であり、「加害者」でもある。その両面をみない被害者意識的TPP論になってはならない。

図式化していえば、被害の側面はもっぱらアメリカとの交渉に現れている。アメリカが日本に妥協を迫ることにより、そのおこぼれをもらう国はあるが、

それは主局面ではない。それに対して加害の面はもっぱらアメリカ以外の諸国なかんずく途上国との間にある。その面では日本はアメリカの攻勢の影に隠れて漁夫の利を得、あるいはアメリカの「目下の同盟者」として途上国等を攻める立場にある。

以上の両面を指摘したうえで、受益・加害の側面は本章5で触れることにして、以下では妥協・被害の面について触れたい。

日本は、何といっても第二次・第三次産業の利益と引き換えに農林水産業で大幅に妥協した。その点は第2、3章で詳述するが、農林水産品はタリフラインで81％を関税撤廃し、「総棚ざらえバーゲンセール」の状況を呈した。

後述する国会決議の対象である重要5品目（米、麦、牛豚肉、乳製品、甘味資源作物）についても30％を関税撤廃した。その状況を**表1-1**に引用しておく。関税撤廃品目の選定基準は、表の右下の◆印に引用したように、①輸入実績がない、②輸入依存度が大きく国産から置き換わりにくい、③撤廃した方が農家にメリットがある、の三点だが、①は関税があるから輸入されなかったのかも知れず、②は例えば牛タンの関税12.8％が撤廃されれば牛タンの値が安くなり、他の国産肉の消費が減る、③の肥育素牛の関税撤廃は繁殖農家にはマイナスである[7]。「影響が小さいと考えられる品目を選んだ」という政府の言い分は通らない。

農水省「品目毎の農林水産物への影響について」（2015年10月）の「総括表」は、40品目をとりあげ、4つに分類している。すなわち①特段の影響なし（小豆・茶・のり等11品目）、②影響は限定的（でん粉、果樹・園芸品目、鶏肉、合板、あじ等22品目）、③「輸入の増大はないが価格下落が懸念される」（米・小麦・大麦・砂糖）、④長期的に価格下落（牛肉・豚肉・乳製品）、である。

①落花生、パイナップル（生果）、茶、こんにゃくの「影響なし」の理由は「関税撤廃は段階的だから」というもので、関税撤廃後はどうなるかを示

---

[7] 日本農業新聞10月22日による。筆者は、鹿児島県のある大規模肥育農業者から、TPP等で解禁の暁にはオーストラリア等に和牛の精液を送り、そこで生産した和牛子牛を輸入すれば素牛コストが半減するという「抱負」を聞いた。

表 1-1　重要 5 品目等の関税撤廃

	関税撤廃数／品目数	関税撤廃率	輸入実績のない品目数	主な関税撤廃品目	その他の輸入拡大措置
米	15/58	26%	22	ビーフン、朝食用シリアル	米国、オーストラリアに無税輸入枠（7.84万t）、MA内に中粒種・加工用の枠を新設
小麦・大麦	26/109	24%	58	飼料用小麦・大麦、冷凍ピザ、小麦グルテン	マークアップ45％削減、特別輸入枠（小麦25.3万t、大麦6.5万t）
牛肉	37/51	73%	12	牛タン、ハラミなど内蔵、レバー（冷凍）、肥育もと牛	
豚肉	33/49	67%	13	ハム、ベーコン、ソーセージ、内蔵（冷凍）、レバー（冷凍）、肥育もと豚	
乳製品	31/188	16%	106	チーズ（チェダー、ゴーダなど）、ホエー、フローズンヨーグルト	脱脂粉乳・バターに低関税輸入枠（7万t）
砂糖・でん粉	32/131	24%	23	メープルシロップ、チューインガム、キャラメル、人造蜂蜜	加糖調製品に輸入枠を新設（9.6万t）
重要5品目計	174/586	30%	234	◆関税撤廃する品目の「選定基準」①輸入実績が少ない⇒調製品、保存性の低いものなど②輸入依存度が高く、国産から置き換わりにくい⇒牛タン、メープルシロップなど③関税を撤廃した方が農家のメリットになる⇒肥育もと牛、もと豚など	
農林水産物計	1,885/2,328	81%			
全品目計	8,575/9,018	95%			

注：日本農業新聞 2015 年 10 月 22 日付による。

していない。②の「限定的」は裏を返せば「影響がある」すなわち長期的に価格下落の懸念あり、である[8]。

　要するに、40品目のうち29品目、3/4が長期的には影響を受け、そのなかに③④の重要5品目も入っている。日本は農林水産業で後述する国会決議を越える妥協を行ったのである。

---

[8]「農水省の担当者は「日本語の書き方の問題だが、『限定的』とは裏を返せば影響はあるということ」と話した（朝日新聞、2015年10月30日）。しかし後述するように、後日、その「影響」は価格面のみで、生産（輸入）量には影響なしとした。

その他の面での主だった妥協としては、まず協定第3章の原産地規則の自動車の部分である。TPPの関税優遇措置を受けられる域内部品の調達率について、2015年7月末の会合で、調達率を4割程度にしたい日本と、6割以上を要求するメキシコ、カナダの対立が急浮上したが、10月2日までに完成車55％、部品45〜55％で決着をみた[9]。

　他方、日本は、アメリカの自動車関税撤廃をバス10年目、乗用車・キャブシャン25年目、トラック30年目で妥協した。かくも長期の関税継続はTPPでも他に例を見ない。大国アメリカにこれだけ譲歩しておいて、メキシコ、カナダの要求を蹴るのはバランスに欠けるし、ともかく「大筋合意」を急ぐ日本は、なお対立が激しかった医薬品等での妥協を促すためにも、自動車で妥協したと推測される[10]。

　また後章で詳述されるように、日米並行協議の結論として、保険、審議会への公衆（米国人を含む）の意見提出、規制改革について外国投資家から意見を求め規制改革会議に付託する、衛生植物検疫、物品貿易の円滑化に関する作業部会の設置等が定められている。非関税障壁交渉の決定的な部分は日米並行協議に委ねられたといえる。

（9）協定第3章は9条で自動車について詳述しているが、具体的な割合は付属書にゆだねられ、その内容は内閣官房TPP政府対策本部「環太平洋パートナーシップ協定（TPP協定）の概要」（2015年10月5日）である程度紹介されている。自動車問題については首藤信彦「アトランタで仕組まれた『TPP大筋合意』」『世界』2015年12月号。
　　「大筋合意」が報道された10月6日付の日経新聞は、日本の自動車各社がタイで研究開発を「自立」させる動きを報じている。日本の自動車業界が原産地規則での妥協にどれだけ痛痒を感じたかは定かでない。むしろ一層の海外生産傾斜のバネと受け止めたのではないか。
（10）自動車部品についてはアメリカ、カナダ、メキシコはほとんどの部品の関税を即時撤廃しており、完成車の海外生産比率の高い日本は得るものが大きい（日経、2015年10月6日）。

2．米日政府にとってのTPP交渉

アメリカのリバランス戦略とTPP

　このような全面的な妥協をみると、TPP交渉とは日本にとって一体何だったのかという疑問が生じる。またTPP交渉の最終局面で、最も早期合意に執着したのは日本であり、いち早く「大筋合意」を報じたのも日本の甘利大臣だった。日本はTPPの合意内容もさることながら「合意」そのものを最重視し、そのためには国民生活や国内産業を犠牲に供することを辞さなかった。なぜそのような交渉姿勢をとったのか。TPP交渉全体を振り返るなかで、そのことを明らかにしたい。

　2008年9月、アメリカのブッシュ政権はTPP交渉参加を表明し、日本にも参加を呼びかけたが、日本は政権交代期でそれどころではなかった[11]。2009年11月オバマ大統領は、アジア初の訪問地として日本にたちよった際に、「米国初の『太平洋系大統領』として明確にしたい。この太平洋国家（米国）は、世界で死活的に重要な同地域での指導力を強化し、維持することを約束する」と太平洋国家たることを宣言した。しかし同演説ではTPPについてはまだ、「米国はまた『環太平洋パートナーシップ』諸国とも、21世紀の貿易協定にふさわしい、広範な参加国と高い水準を備えた地域的合意を作るという目的で関与していく」と述べるにとどまった。

　それに対して民主党初代の鳩山・小沢内閣は、TPPよりも、中国との関係強化や「東アジア共同体」への傾斜を表明した。その小鳩内閣も第7艦隊安保論の見地から普天間基地の県外・国外への移転を主張してアメリカの逆鱗に触れ、退場させられた。

　代って2010年に登場した菅内閣は、新成長戦略とともに、その柱としてTPPについて「関係国との協議を開始」するとした。「経済成長とTPP」─

---

(11) とはいえ民主党がマニフェストで日米FTAを掲げたことは忘れるべきでない。

この組み合わせは安倍内閣にも引き継がれる「政権テーマ」である。民・自の違いは、菅内閣はTPPと「食料自給率向上」を両立させるとしていたが、安倍内閣のTPP論からは自給率目標との関係が事実上消え、輸出論が前面に出たことだ。

　折から尖閣諸島問題が勃発し、東日本大震災が起こる中で、菅首相も「脱原発」発言を契機に引きずり降ろされた。2011年8月に野田首相が登場したが、当時の民主党内のTPP論は「アメリカと組み、中国を軍事的に圧倒するしかない」「TPPのミソは、アジアを米中で仕切らせない……アジア太平洋の秩序は日本とアメリカでつくっていく」という対中国対抗＝日米同盟強化論の一色だった[12]。そこには小鳩内閣による対米関係の冷え込みを修復したい対米従属回帰と尖閣諸島問題が二重写しになっていた。

　2011年11月、オバマ大統領はオーストラリアで「アジア太平洋でのプレゼンスと任務を国防政策の最優先事項」とし、「米国は太平洋国家であり、ここに居続ける」という「リバランス戦略」を宣言した。前述のようにオバマ大統領は登場と同時にアメリカを「太平洋国家」と再定義したが、その背景には、このようなアメリカの国防政策・軍事戦略の変化があり、それが再選を狙うオバマを突きうごかした深部の力と言える[13]。そのアメリカにとって、民主党のTPP＝安保論は思う壺だった。

2014年4月──日米交渉は山を越した

　しかし民主党政権は既に政権維持力を失い、「関係国との協議入り」以上には進めなかった。それに対して自民党は、2012年の暮れの衆院選に向けて「『聖域なき関税撤廃』を前提とする限り、TPP交渉参加に反対します」をスローガンとした。それは「TPP交渉参加に反対」の文言で農業・農村票を根こそぎさらいながら、「『聖域なき関税撤廃』を前提とする限り」という条件

---

(12)拙編著『TPP問題の新局面』大月書店、2012年、19頁。
(13)関下稔『米中政治経済論』御茶の水書房、2015年、第1章。

留保で、それがクリアされるならTPP参加もありうる含みをもたせた巧妙なスローガンだった。その背景には、米の関税撤廃の例外扱い等について、ある程度アメリカ側の感触をえていた可能性がある(14)。

　こうして選挙に圧勝して再登場した安倍政権は、2013年2月の日米首脳会談で「一方的に全ての関税を撤廃することをあらかじめ約束することを求められるものではないことを確認」したとして、3月には交渉参加を表明した(15)。参加に先立ち、かんぽ生命や自動車でアメリカに譲歩させられ、また参加に際しては日米二国間協議が義務付けられ、自動車や保険の懸案事項および非関税措置について並行協議することとされた。この日米二国間協議はTPP交渉のお膳立てをするうえで決定的であり、TPP交渉とは、TPP諸国という「カモ」の猟場を舞台とする日米二国間交渉ともいえる。

　安倍首相は参加に際して「普遍的価値を共有する国々と経済的な相互依存関係を深めていくことは、わが国の安全保障にもアジア太平洋地域の安定にも大きく寄与する」（朝日、2013年3月16日）と、TPP＝安全保障論を強調した。

　次の山場は、2014年4月の日米首脳会談である。そもそもオバマ大統領の訪日は、彼のリバランス戦略・太平洋国家化のためのアジア歴訪の一齣であり、共同声明では、日米同盟の強化、日米安保が尖閣諸島に及ぶこと、集団的自衛権行使の検討の歓迎など日米同盟強化が高らかに宣言された。

　それに対してTPPの「大筋合意」は共同声明に盛り込まれなかった。しかし讀賣新聞が次の点をリークした（4月20、25日）。①牛肉関税は20年程度かけて38.5％から9％以上に引き下げ、②豚肉の差額関税制度は維持しつつ、

---

(14) J．ショット他、浦田秀次郎監訳『米国の研究者が書いたTPPがよくわかる本』（日本経済新聞出版社、2013年）は、コメは「米韓FTAと同様にする」提案をしている。
(15) 交渉参加までの元当局者の分析として作山巧『日本のTPP交渉参加の真実』文眞堂、2015年。同書は時論とは「明確に一線を画している」由だが、結論は時論とそう異なるものではない。

4.3％の関税は引き下げ、③乳製品は関税引下げとアメリカ特別枠の新設、④以上の品目に緊急輸入制限措置（セーフガード）導入、⑤米・麦・甘味作物は現行の関税率をほぼ維持、である。

これを2015年10月合意と比較すると、①は16年目以降は９％に引き下げ、で「20年程度」が「16年」に値切られ、「９％以上」を「９％」に留めたという「微調整」、②は関税の撤廃と引き下げ、③④は実現（麦の輸入差益の削減、米加への輸入枠設定などが追加）で、まさに「大筋合意」といってよい。その後、関税引き下げ率、引き下げまでの期間、セーフガードの３つの方程式（フォーミュラ）をめぐって交渉継続することとされたが[16]、牛豚肉の関税引下げ、米の関税撤廃外しという根本論点で合意は成立していた。その意味で日米交渉は山を越したといえる。

讀賣は同時に、「共同声明を"人質"にとって、まとめたいならTPPで譲歩しろという圧力」「TPPと安全保障はがっちり連動している」という政府筋の発言を引いている（2015年４月25日）。

またアメリカ側は「大筋合意」を「共同声明」に明記したかったが、日本側は衆院鹿児島２区補欠選挙への影響を懸念して反対したとも伝えられる（同26日）。とすれば一国農業の命運を左右する国民的利害と、１選挙区補選における党利を天秤にかけた平衡感覚のまひと言える。

2015年──安保法制とTPP

2015年４月には、自衛隊と米軍の役割分担を決めた「防衛協力のための指針（ガイドライン）」を改訂し、安倍首相はアメリカ議会での演説で「TPPには、単なる経済利益を超えた長期的な安全保障上の大きな意義がある」と釈迦に説法をした。４月の日米閣僚会談では、米の輸入枠と牛肉・豚肉の関税引下げについて日米の最終合意がされたと伝えられる（朝日、「検証TPP５」11月25日）。

---

[16]拙著『戦後レジームからの脱却農政』筑波書房、2014年、第２章。

9月にはアメリカとの約束に基づいて安全保障関連法案を成立させ、翌10月にはTPPの「大筋合意」となった。それをうけたオバマ大統領の第一声は、「世界経済のルールを中国のような国に書かせるわけにはいかない。我々がルールを書くのだ」。対して安倍首相は、「日本とアメリカがリードして自由民主主義、基本的人権、法の支配といった価値を共有する国々と共にアジア太平洋に自由と繁栄の海を築きあげていく」（10月6日記者会見、日本農業新聞10月7日に要旨）。いずれも対中国が強く意識されているが、オバマが世界の「ルール」を睨み、日本は中国を睨むのみの視野の相違を示した。

　10月初旬の「大筋合意」に至る最後の交渉では、バイオ新薬データ保護期間と乳製品をめぐり関係国の死活の攻防がもつれ、フロマン通商代表は「期日は問題じゃない。中身だ」と粘ったが（日経10月6日）、対して日本は、既に農産物や自動車で妥協してしまい、「大筋合意」を待つだけの状況だった。特段の交渉案件もなく、よく言えば行司役・推進役、はっきりいえば国益をかけて粘るニュージーランド等への恫喝役を演じた。日米も激論したとも伝えられるが、「米の扱いを含め、既に事務レベルで実質的な交渉が終わっており、儀礼的な会談で日米の決着を演出したのではないか」（日本農業新聞10月7日）という「出来レース」というのが真実だろう。

　日本はなぜそのような交渉姿勢をとったのか。日本としては、「大筋合意」がまとまらないことには、第一に、日本が一方的に譲歩してしまったという事実だけが残ってしまう、第二に、TPP＝安保構想にひびが入る、第三に2016年7月の参院選前に国内対策をたてて農業・農村を買収するのに間に合わなくなる。これが「大筋合意」を焦った理由である。要するに日本は「合意先にありき」の国内政治優先的、近視眼的、党利党略的な交渉姿勢だったといえる。

日本にとってのTPP

　以上の経過は日本にとって、TPP交渉は何よりもまず対米交渉であり、対米交渉はTPP（二国間並行交渉）と安全保障の二人三脚だといえる。改めて

「日本にとってTPP交渉とは何だったのか」をまとめれば、かくして第一に、民主党政権から自民党政権を通じて、TPPとは日米同盟強化の手段だった。第二に、TPP問題を農業問題に収れんさせる。第三に、農業問題を圧倒的な票田である米問題に収れんさせ、米については関税撤廃の例外扱いを確保する、第四に票田として小さな畜産（酪農1.9万戸、肉用牛5.8万戸、養豚5千戸、2014年）を犠牲にすることだといえる。

このようにみれば、前述のように2014年4月の日米首脳会談で牛肉・豚肉等の関税引下げに応じる代わりに、米の関税撤廃を例外扱いする合意が成立した時点で、日本にとってはTPP問題は山を越えたと言える。つまりTPP交渉は日米二国間交渉に過ぎなかった[17]。

なにゆえに日本が農産物等であそこまで妥協したのかも、こう考えれば説明がつく。要するに形式的に米の関税を守れば、後は譲歩しても自民党の公約や国会決議はクリアできるという判断である[18]。

2014年7月にはオタワ、9月にはワシントン、11月には北京で交渉が継続され、知的財産権（新薬データ保護期間、著作権等）、国有企業、環境を残し、交渉は山を越したとされているが、交渉における日本の積極的な発言はうかがえない。日本は強く主張せずして非関税障壁分野で交渉結果から漁夫の利を得られるからである。

---

(17) 首藤信彦は「農業はすでにアメリカとの二国間交渉で結論に達していたのである」「日本はアトランタには交渉ではなく、これまでの日米二国間交渉の結論をTPPにビルドインさせる目的で行ったのである」と指摘している（首藤・前掲論文）。この背景には、大きくはWTO成立期とのグローバリゼーションの時代差（グローバル化初期と米中対立時代）、具体的にはマルチナショナルなWTO農業交渉と、所詮はバイラティラル交渉の積み木細工としてのTPP（日米二国間並行交渉）の相違がある。

(18) そのさらなる背景としては、「アンポと牛肉」の取引構造に変わりはないにしても、WTO交渉期からの日本の国家権力構造の変化がある。すなわちWTO交渉妥結直後の小選挙区制移行、首相官邸への権力集中、農林族の消滅、国家権力を集中した官邸の国家主義への傾斜、TPP交渉窓口の官邸直結一本化（日本版USTR化）である。拙著『戦後レジームからの脱却農政』（前掲）参照。

アメリカにとってのTPP

　日本の安全保障優先的なシングル・イッシュー論に対して、アメリカにとっては、TPPは、世界戦略に係わる三重の意味で死活問題である。第一に、オバマ大統領の発言にみられるように、グローバルスタンダードのルールメーカーになること、第二に、実績に乏しいアジア太平洋地域へのリバランス戦略という新たなアメリカの世界戦略の実を上げること、第三に、TPP諸国から徹底して経済力を吸血することである。

　いずれの背後にも中国の覇権国家への台頭がある。中国はとくにアジアインフラ銀行（AIIB）、一帯一路（新シルクロード）構想、南シナ海での領土拡張と軍事進出などその意図を露わにしてきた。TPPの影の推進役は中国、その覇権国家化の動きと言っても過言ではない。それについて、民主党系の外交専門家である J. S. ナイは、アメリカのパワーが同盟関係に基づいているとし、「世界をアメリカの利益にかなう方向に動かす好機が、しかも軍事力を使わずに済む好機が、いま目の前にある」というR. ゼーリック（前世銀総裁）の言葉を引用している[19]。アジアシフトのリバランス戦略にとって最重要同盟関係の構築がTPPであることは言うまでもない。

　しかしそれは中国封じ込め作戦ではなく、中国をアメリカが敷いたルールのなかに引きずり込むことが目的である。アメリカは中国と覇権を争いながら同時に経済協力を強めるために「戦略・経済対話」をTPPと並行して中国と行っている[20]。その延長では同盟国を飛び越して中国と手を結ぶ可能性も絶えず残しており、その「見捨てられ」への恐怖が安倍首相の日米同盟へのアメリカ「つなぎとめ」引き止め（そのつもりでの対米従属深化）、そのための集団的安全保障とTPPだといえる。

---

[19] J. S. ナイ『アメリカの世紀は終わらない』（村井浩紀訳、日本経済新聞出版社、2015年）。同書は「日本は中国から自立した立場を維持するために、アメリカに支援を求める公算が強い」ともしている（66頁）。
[20] 関下、前掲書。

中国との覇権争いの最後の決め手は、「アメリカはアジアにとどまりつづけるという力があるという感覚を示すこと」(21)、すなわち経済力、国力をつけることであり、そのためにはグローバルスタンダートの形成という普遍的理念の追求の下で、それを口実とし、テコとしつつ、アメリカ一国の利益、アメリカ原籍多国籍企業の利益を徹底して追求するのもアメリカの姿勢である。

　TPPにおいては途上国に対してはルール作りを前面にだしつつ、アメリカ一国利益の追求の面では先進国なかんずく日本をターゲットにしている。

　このようなアメリカの軍事・経済両面の世界戦略に対して、日本は日米同盟強化の一点で対応しようとする。それが交渉におけるアメリカの粘りと日本のあっさり合意の違いの背景であり、日本がアメリカにむしり取られる所以でもある。

　アメリカでは共和党・民主党の大統領候補ともにTPP反対だと伝えられている。しかしそれはTPPによる獲得物の少なさあるいは「譲歩し過ぎ」に対する反対であり、TPPそのものへの反対でないことを銘記すべきである。また日本でも日米同盟強化のためにTPPにのめり込むのは民主党・自民党にかかわらず同じだった。どの国にあっても、野党としてはTPP反対のポーズをとるが、ひとたび政権を取ればTPP推進に変身する(22)。そこには国家権力とそれを背後から操るものの意思、とくに「帝国」の意思と、その「目下の従属国」（関下稔）の意思が貫徹している。

　TPPと安保との関わりは10月6日の全国各紙が多かれ少なかれ触れたことでもあり(23)、その意味では「常識」である。それは、TPPそれ自体には

---

(21) フィナンシャル・タイムズの記者、J．ダイヤー『米中　世紀の競争』（松本剛史訳、日本経済新聞出版社、2015年）のラストの言葉。彼は、米中対立を、アメリカ流の新自由主義的資本主義と中国流の国家資本主義の覇権「競争」と捉えている。

(22) とはいえ日本のように短期に「豹変」というわけではない。さらに有利な条件を確保するべく時間をかける。カナダも政権交代後、検証とステークホルダートの協議を継続している。

疑問を感じつつも、「安全保障のためならTPPも致し方ないか」、「中国や北朝鮮がああいう行動をとるならしょうがないか」という一種のあきらめ感を国民にもたらす。それこそ「安保のツケを経済で返す」という日米の歴史的関係のTPPバージョンである。

だからTPP問題を安全保障問題に還元してしまうと、それは一面化の誤りをもたらす。実害が大きいTPPを国民に押し付ける口実として安全保障問題が前面にたてられていると見るべきである。同時にその影で、海外投資権益の擁護など日本原籍多国籍企業の利益がアメリカの傘の下でしたたかに追及されている（本章5および第6章）。安全保障問題も、そのような大きな日米同盟（経済軍事同盟）の枠組みのなかにある。

3．TPPの影響をどう捉えるか

「大筋合意」と国会決議の整合性

「大筋合意」を受けた国内世論は、政府の誘導宜しく「国内対策」でもちきりとなった。しかしまずやるべきは、TPPがもたらしうる影響を見極め、そのような影響をもたらす「大筋合意」が国会決議に反しないかを検証することである。

2013年4月18、19日の衆参両院の国会決議は、「米、麦、牛肉・豚肉、乳製品、甘味資源作物などの農林水産物の重要品目について、引き続き再生産可能となるよう除外又は再協議の対象とすること。十年を超える期間をかけた段階的な関税撤廃も含め認めないこと」等とした。前述のように、農林水産物についてタリフラインで重要5品目の30％もの関税を撤廃しておいて、この国会決議に反しないとは到底言えない。

---

(23) 讀賣は社説で「TPPを主導する日米が結束し、同盟関係を深化させる効果も見逃せない。覇権主義的動きを強める中国へのけん制となろう」とし、日経も「安保と両輪、中国けん制」と題した図入りの記事を掲げた。それに対して朝日は「識者」に語らせるだけで、ジャーナリズムとしての後退著しい。

すると残るのは、第一に国会決議の無視か、第二に決議の解釈変更である。
　第一の無視と言う点では、10月6、7日の全国30紙ほどの社説をみると[24]、全国紙（朝日、読売、産経、日経、毎日）は、判で押したように国会決議には触れていない。それに対して地方紙23紙のうち15紙は国会決議に抵触するとし、5紙は国会決議の文言は使わず内容に触れ、言及のないのは3紙のみだった。全国各紙は、政府の意向を忖度して国会決議をタブー視したか、あるいはその筋から「国会決議に触れるな」の緘口令を敷かれたのだろう。そこにはTPP情報の秘匿から、情報の操作、報道統制へ、という流れが感じられる。その元凶である安倍首相は、自民党公約との整合性は語り、とくに米の関税撤廃をまぬがれたことをもって国民との約束は守ったとし、国会決議全体との関係にはほとんど言及せず、事実上無視している。
　第二の解釈変更という点では、甘利担当相は、早くから「引き続き再生産可能となるよう」を「国内対策も含め」と解釈している。これが国会決議の国内対策へのすり替えの大元である。自民党の大勢は早くから「国会決議のクリアは国内対策で」と踏んでいたものとみられる。
　しかし国会決議の趣旨は、「再生産可能となるようTPPから除外又は再協議する」ことであり、国内対策でカバーすればいいという話ではない。そもそもTPPで「再生産可能」性が失われるから国内対策が必要なわけで、国内対策の額がかさむほど、国会決議に対する違反性が高まることになる。
　また甘利担当相は「日豪（EPA）の内容が仮にTPPで採用された場合、決議との整合性は取れるのではないか」とも発言している（2014年4月11日衆院内閣委員会）。その日豪EPAでは、例えば牛肉は冷凍品について18年目に19.5％まで関税引き下げ、冷蔵については15年目に23.5％に引き下げであり、それに対してTPP「大筋合意」はそれをはるかに上回って妥協している。自らが割り引いた基準に照らしても、「大筋合意」が国会決議に反していることは明らかである。

---

[24] 秋田県立大学の渡部岳陽氏の収集による。

国会決議は国会が主体的に行ったことであるから、その法的拘束性は別としても、国会自らが整合性を検証することが不可欠である。それがなければ日本の民主主義は死んでしまう。

政府の経済効果分析は正しいか

　政府はTPPの影響（経済効果）について二度にわたり試算している。最初は2013年3月15日のTPP交渉参加に際してのものであり、二度目は「大筋合意」を踏まえた2015年12月24日の内閣官房TPP政府対策本部「TPP協定の経済効果分析」である（以下、「2013年版」と「2015年版」とする。2015年版には別紙として「農林水産物の生産額への影響について」がついている）。2013年版は2011年のTPP首脳による「TPPの輪郭」にうたわれた全ての関税撤廃を前提とし、2015年は「大筋合意」を受けたものという相違がある。

　まずマクロ経済効果分析を比較したのが表1-2である。「分析」は「新しい成長経路に乗せるための政策対応を含めた官民の行動が重要」で、「TPPを十二分に活用し、意欲的に事業等を拡大・推進することで実現」するとしている。要するに純粋にTPP効果を分析したのではなく、政策効果を前提とした「努力目標」に近い。それにしてもGDP効果が＋0.66→＋2.59と、1.93ポイント増、率にして4倍と飛躍的に伸びていることが注目される。「経済

表1-2　政府の対GDP効果試算の比較

単位：％、億円

	2013年3月	2015年12月	増減ポイント
総額	＋0.66	＋2.59	＋1.93
民間消費	＋0.61	＋1.59	＋0.98
投資	＋0.09	＋0.57	＋0.48
政府消費		＋0.43	
輸出	＋0.55	＋0.6	＋0.05
輸入	▲0.60	▲0.61	0.01
食料自給率（カロリー）	27％	39％	

分析」は自ら「アベノミクスの『成長戦略の切札』」を自賛している(25)。

　2013年版も15年版も同じモデル（GTAP）を使ったとしており、違いは、2013年版が関税撤廃のみを前提したのに対して、2015年版は貿易円滑化等の要素を加え、〈**貿易円滑化→輸出入拡大→貿易開放度上昇→生産性向上→賃金上昇・雇用増**→所得増→貯蓄・投資増→生産力拡大〉という成長メカニズムが軌道に乗った場合の効果であり、とくに「貿易円滑化」(26)効果が最大限に重視されている（ゴチ部分が2015年版の新要素とされている）。果たしてTPPはこのような成長軌道をもたらすか。上記の成長経路に即して検討する。

　第一に、〈貿易円滑化→輸出入拡大〉がおかしい。**表1-1**からも、2013年版と2015年版の間で輸出入はあまりアップしないからである。「分析」では「輸出入は双方ともに増加することから、GDPへの純寄与度は大きくない」と自己否定している。

　第二に、〈貿易開放度上昇→生産性上昇〉がおかしい。この因果は「貿易開放度の高い国は生産技術水準も高い」という相関関係の観察から引き出されたものだが、仮にそれがTPPにも当てはまるとしても、2013年版と貿易開放度は大差ない。「貿易開放度（輸出入計／GDP）」とされているので、2013年のそれは1.15に対して15年は1.21で、対GDP比で0.06ポイントの増に過ぎない。それが果たしてGDPを4倍にも高める効果を発揮するのか。

　第三に、〈生産性向上→賃金上昇・所得増〉となるか。今、輸出企業は円安差益で空前の利益をあげており、その意味で付加価値生産性を高めている

---

(25)「経済分析」の最新版は、世界銀行の試算（2016年1月6日公表）ではTPPが2030年までに日本のGDPを約2.7％押し上げると試算したことを「参考4」に掲げ、日本の経済分析と「近い数字」と自賛している。世銀試算は完全雇用の前提に立つが、雇用削減効果を考慮したタフツ大学の試算は、2025年までにGDPの減少がアメリカ0.54％、日本0.12％としている。

(26)貿易円滑化として迅速通関、急送貨物、事前教示制度、手続き自動化が挙げられている。例えば平均62.4（一般）〜92.5（食品等）時間かかる通関手続きが48時間に短縮される。

が、その多くが内部留保に向かい、安倍政権の賃上げの掛け声にもかかわらず、賃上げや正規雇用増に回っていないことは周知のとおりである[27]。

　第四に、〈所得増→貯蓄・投資増〉となるか。日本は1998年から賃金が低下し平均貯蓄性向を低めてきているので、社会保障も削られるなか、万が一にも所得が増えれば、まず平均貯蓄性向を高めることになる。しかし貯蓄は銀行等の国債購入にあてられ、その国債を日銀が買い入れるという異次元金融緩和によるデフレ脱却政策が依然として続けられるだけの可能性が高い[28]。輸出も伸びない状況下で国内企業が投資行動に活発になるとは思われないからである。

　要するに、「分析」が強調する先の経路での成長メカニズム（貿易開放度上昇効果）に働きにくい。結局のところ、2013年版よりもGDP増大率が4倍も上昇するのは、消費によるものだろう[29]。「分析」は、消費によるGDP増を、〈関税撤廃→小売価格低下・家計負担減→需要増大→販売量増大・価格引き上げ〉という国際経済学の初歩で説明している。

　では一体、関税撤廃・小売価格低下はどんな品目で起こるのだろうか。2013年版ではTPPによるGDP増のほとんどは民間消費によるものとされている。それは、**表1-2**の食料自給率（カロリー）の39％から27％への12ポイントもの下落にみられるように安い輸入食料への代替によるところが大きいと推測される。2015年版ではどうか。

農産物の輸入量は増えない!?

　そこで農水省の「農林水産物の生産額への影響について」に移る。これはタイトルからして「生産額への影響」しか論じていない。農水省の試算は、

---

(27) 福田慎一『「失われた20年」を超えて』NTT出版、2015年、井手英策『経済の時代の終焉』岩波書店、2015年。
(28) それをやめれば、国債下落→金利上昇で日本経済は破綻する。
(29) 2015年版は、2013年版にはなかった政府消費がかなりのGDP押し上げ効果をもつとしている。しかし財政危機に悩む政府がそんなに消費支出を増やせるだろうか。

まず「試算方法」で「生産量については、国内対策の効果を考慮」とし、「試算の結果」では「関税削減等の影響で価格低下による生産額の減少が生じるものの、体質強化策による生産コストの低減・品質向上や経営安定対策などの国内対策により、引き続き生産や農家所得が確保され、国内生産量は維持されるものと見込む」としている。要するに「計算方法」（前提）で「国内対策の効果」を入れたので、「計算結果」で生産量の減はないという結論である。これは初めから「結果」を「前提」に組み込んだ自問自答に過ぎない。

　その結果、生産額は1,300～2,100億円減少するが、生産量は不変、食料自給率はカロリーベースで39％、生産額で64％で低下なし、ということになる。

　農林水産物の生産量が維持されるということは、TPPによる農産物量の輸入増はないということになる。なぜなら日本は人口減少・高齢化社会に突入し食料消費量が減少に向かっており、生産量が維持されるとすれば、輸入量は不変あるいは減少することになる。生産量が不変にもかかわらず輸入増がありうる可能性としては、農林水産物を輸出した分だけ輸入量が増える場合だが、「試算方法」は「輸出拡大分は考慮していない」と明確に記しているので、その可能性も計算上閉ざされている。

　2013年版の輸入増の大宗をしめていたと思われる農林水産物の輸入量増が2015年版ではなくなると、では2015年版の輸入増の品目はいったい何なのか。2013年版と2015年版とでは輸入品目の構成がガラリと変化するのか。その点をぜひ明らかにして欲しいものだ。

　いいかえればマクロ経済分析と農水省の「試算」は果たして整合しているのか。農水省は、第一に、重要5品目をはじめ輸入量増があったら国会決議の「再生産可能」が脅かされる。第二に、食料・農業・農村基本計画で自給率目標45％を設定したのにTPPで輸入量が増大したら自己否定になる、という二つの「政治的」理由から、「政治算術」をしたのだろう。

　アメリカ農務省は2014年10月に、TPP諸国による農産物輸出増大の2/3は

---

(30)拙著『官邸農政の矛盾』（筑波書房ブックレット、2015年）34頁に紹介。

日本が引き受けると試算している[30]。日本の食料市場はTPP諸国のドル箱なのである。それが輸入量増ゼロと言うわけだから、各国とも当てが外れる。アメリカではTPA（大統領貿易促進権限）法に基づいて国際貿易委員会（ITC）が2016年5月18日までにアメリカ議会にTPPの効果分析を報告することとしている。それとの食い違いも大きいと思われる。日本の輸入量増なし、あるいは輸入量減ということは、国内対策が、「水も漏らさぬ鉄壁の輸入（増）障壁」であることと同義であり、そのようなカラ元気（「大本営発表」）は、それを逆手にとった各国の「再交渉」要求を招くだけだろう。そしてもし「完璧の国内対策」でなければ、それは日本農業に甚大な影響をもたらすことになる。

　要するに政府の経済効果分析は誰にも信用されていない。新聞各紙もノーコメントで小さく報道するだけだった[31]。

TPPの真の影響

　ある事柄の影響を測るには、他の条件は全て与件としてフックスするのが常道であって、他の要素を入れたら、たとえば為替レートの変更とかあらゆる要素を考慮しなければならなくなる。いわんや政策効果を入れたら、それは影響分析ではなく経済計画の樹立になってしまう。

　国内対策を前提とせずTPPの農産物への影響だけを取り出した試算として、既に、新潟92億円、和歌山54.8億円、茨城720億円（16％減）、長野392億円（14％）、静岡257億円、滋賀40億円（6.5％）、島根108億円（20％）、福島421億円、宮崎686億円、熊本132億円、秋田287億円などの減少が公表されている[32]。この11県だけでも3,000億円弱になり、農水省全国計の上限を越える。とくに畜産県に厳しい結果である。

　このような試算は、影響を数字化することで分かりやすくし、国内対策の

---

(31) TPP推進の急先鋒の讀賣も「TPP効果　甘い見通し」とした（2015年12月25日）。
(32) 日本農業新聞による。静岡は土居英二氏、その他の多くは鈴木宣弘氏の協力による。鈴木氏自身は農林水産物1兆円の減と推計している。

ための基礎データになり、各県農協等が主体的に取り組む点でも貴重だが、影響の全容を捉えるうえでは同時に次のような定性的な把握が欠かせない。

　第一は、波及効果である。TPPの場合、その合意の最終水準への到達まで長いもので16年かかる。自民党も国内対策は15年以上を見込むとしている。即時撤廃もあるが、多くは時間をかけて真綿で首を締めるように、あるいは水位が徐々に上がるように効いてくる。

　その間に何が起こりうるか。それを影響評価の視野に入れるべきである。その点でTPPは「生きた（living）協定」である。協定前文は、その最後に「他の国又は独立の関税地域の加入を奨励することにより締約国のパートナーシップを拡大することを決意して」としている。そして既に韓国、インドネシア、フィリピン、タイ、台湾が参加意思を示している。コロンビア等の中南米も関心を示し、甘利前担当大臣は「雪崩現象」を呈していると自賛している。ASEANもTPP参加国と非参加国に分かれたことから、後者から参加国が増える見通しである[33]。ゆくゆくは中国のTPP参加もありえる。

　他方、日本は日中韓EPAや日欧EPAにも取り組み、ASEAN、日中韓、インド、豪州、NZによるRCEP（東アジア地域包括的経済連携）も2016年妥結をめざしている。TPPに対する日本の譲許水準は、これらの取組みにおいて日本への要求の下限として作用する可能性が高い。要するに、TPPは日本が世界に向けて関税の削減・撤廃、非関税障壁の撤廃を行う新たな出発点と覚悟すべきである。

　日本は2000年に「行き過ぎた貿易至上主義へのアンチテーゼ」として「WTO農業交渉日本提案」を行い、「多様な農業の共存」を提起した。関税撤廃を原則とするTPPへの参加は、その自己否定なのである（後述）。

　第二は、ドミノ効果である。米価下落を受けて多くの米主産県が脱コメを狙っている。脱コメの行き先の多くは園芸作である。TPPはこのような動きを加速させることになる。政府は、野菜は元もと関税が低いから撤廃されて

---

(33) 石川幸一「ASEAN経済統合の行方」日経2015年12月4日。

も影響は小さいとしているが、前述のように韓国や中国が参加してきた場合もそういえるのか。加えて国内でのドミノ（将棋倒し）効果がある。熊本県は定性分析も公表しているが（2015年12月10日）、野菜（施設・露地）について「コメ等からの転換が容易なことから、今後、転換が進んだ場合、供給過多が生じ、国産価格の下落が懸念される」としている。

　財務省は2015年11月初め、財政等制度審議会に、2018年度からのコメの生産調整政策の廃止を睨んで、「補助金頼みのコメづくりから脱却し、高収益の野菜などへの転換を促す政策を打ち出すべき」として予算編成に反映させるとした。これまたドミノ効果を加速させることになる。

　特別輸入枠の備蓄買い上げ分を3年後に飼料用に放出すれば、量的にはともかく質的には、今や「転作」の主要なはけ口となった飼料米生産と競合することになる。

　乳製品の関税削減・撤廃は加工原料乳価を引き下げ、北海道から都府県への飲用向け生乳、パック乳の移送を増やし、府県酪農に影響を与える[34]。

　このようにTPPはとくに酪農・畜産に大きな打撃を与えるが、それは前述の水田転作の切札としての飼料作の出口を奪う。

　第三は心理的効果である。すなわち中高年農業者がTPPを契機に離農を決意する、残る担い手農業者も子や孫の代にまで借金を残すことを懸念して規模拡大や設備投資を控える、青年層が新規就農を躊躇するといった動きである。関税削減・撤廃の直接的影響は速効的でないかもしれないが、この心理的効果は既に現れている[35]。これこそが真のTPPの影響であり、それは国内農業生産を掘り崩し、TPPでも国内生産量が維持されるという政府の「分析」を否定し、輸入量増大に道を開いていく。

---

(34) 小林信一「『TPP協定と将来の我が国の農林水産業』について─酪農を中心に─」衆議院調査局『「TPP協定と将来の我が国の農林水産業」についての学識経験者等の見解』2016年1月。
(35) 2015年農林業センサスは、かつてない家族農業経営と農業就業人口の減を伝えている。第7章を参照。

経団連会長は、2015年10月7日、TPPで「構造改革を進めることで、農業は永続的な成長産業に生まれ変わる」として、企業の農業参入の必要性を訴えた。TPPをテコに農業の担い手を農業者から企業に置換しようという動きである。

TPPと農協

　「大筋合意」を受けた10月8日の全中会長の「談話」は、それが国会決議に反することへの抗議の言葉は片鱗もなく、「国内対策」により日本農業を守る「国としての明確な意思が示された」と首相をもちあげつつ、さらなる国内対策を請願するのみになっている。

　さらに農林予算2.3兆円への前年比1億円増に対して、全中会長は「しっかりと腰を据えてTPPなど農政新時代に対応できる予算になった。自民党の先生方に心ら感謝したい」と謝意を表した（日経1月25日）。

　全中会長は、2016年1月14日の定例記者会見で、農業生産法人への農外者の出資上限50％未満について、「この比率が逆転する場合もあろうかと私は十分に予想している」「日本農業が元気になればいい。われわれJA組織が生き残ろうということは考えていない」と、「農業法人への企業過半出資　JA全中会長、柔軟姿勢」の発言をしたとされる（日経、1月15日）[36]。先の経団連会長の発言に通じるものである。

　TPP問題を「国内対策」にすり替え、農協の陳情団体回帰の先頭にたち、企業の農業支配を歓迎する全中会長。2015年に吹き荒れ、ついに農協法改正に至り、全中を一般社団法人化した農協「改革」は、農協「改革」を旗印にしつつ、実はTPPに反対する全中を潰す狙いがあったが[37]、その狙いは全中会長の首をすげ替えるという形で見事に実現した。官邸にとってはTPP「大筋合意」の成果の第一号といえる。

---

(36) 翌日の日本農業新聞は「企業の農地所有『認めず』が真意」と否定したが、文脈からして企業の農業参入が主題であって、農地所有への言及とは取れない。
(37) TPPと農協との関係については、拙稿『官邸農政の矛盾』（前掲）。

折から自民党が農政部会長に据えた小泉進次郎は、農業融資が少ないことをもって農林中金の不要論をぶちあげ、農協の生産資材価格の「高」価格批判、全農株式会社化の勧め、株式会社の農地所有の容認等、親譲りの「構造改革」で農協攻撃を再燃させている(38)。

　政府は1月22日、TPP対策としての農業生産資材価格の引き下げについて、産業競争力会議と規制改革会議という農協「改革」の火付け役に検討をゆだねた。農協組織は、准組合員の利用規制という人質をとられて農協「改革」を迫られているが、さらにTPPの影響で農業・農村所得の増大という目標が未達どころか減少することの責任を転嫁される形で、さらなる農協攻撃を受けることになる。〈農協潰し→TPP→さらなる農協潰し〉の悪循環であり、農協の弱体化は農業・農業者のそれにつながる(39)。

TPPで輸出や食品価格はどうなるか

　甘利前担当大臣は「TPPは、一次産業を守る産業よりも攻める産業であるという視点で捉えた経済連携だ」としている（日本農業新聞2015年10月10日）。首相はJA全国大会で「TPPでは多くの国で農産物関税がなくなり、日本の食品が世界の市場に広がっていくチャンスでもある」と挨拶している。要するに、官邸権力の中枢にとって「最大のTPP対策は輸出」ということだ。

　このところ輸出は順調に伸びているが、それは専ら円安効果によるところが大きい。輸出品目の花形ともいえるリンゴについてみると、リンゴ（生果）の輸出割合は2012年度で3.2％だが、ここのところ急スピードで伸びている

---

(38)拙稿「新しい革袋に古い酒を盛る―小泉進次郎農政の狙い―」『農業協同組合新聞』2016年2月10日号。
(39)TPPの農政へのさらなる影響として、注16の延長上に農水省の廃止と農政機能の他省庁への分割が想定される。農水省は食糧と農地の国家統制を存立基盤としてきた。それが、生産調整の国家配分をやめ、企業のさらなる農地参入を認め（当面は国家戦略特区で農外者の農業生産法人への出資を1/2以上まで容認）、農協と言う農政の遂行手段（手足）を切り捨てれば、後に残るものはない。

（2012年度に対して14年度は2.6倍）。TPP諸国への輸出については、アメリカ、カナダ、豪州、ニュージーランド、シンガポール、ブルネイが既に無税となっており、TPPによりチリ（現行6％）、マレーシア（5％）が即時撤廃、ベトナム（15％）が3年目撤廃、ペルー（9％）が6年目撤廃、メキシコ（20％）が11年目に撤廃される。しかし現在の輸出先は台湾、香港、中国がほとんどを占め、輸出の重点国は台湾、香港、タイ、インドネシアである（TPP内ではベトナム、マレーシア）。以上からしてTPPで輸出環境が大きく変わるものではないことがわかる。

　リンゴに限らず、そもそも日本の農産物輸出は、その厳しい現実は別として、品質の良さを武器にして、高価格でも購入するアジア等の富裕層を主たるターゲットにしている。彼らが関税撤廃で多少安くなったから購買を増やすという関係にはない。またアメリカ、シンガポールを除けば、TPP参加国は日本の農産物の主たる輸出先ではない。農産物の輸出を伸ばすこと自体は必要なことだが、TPP効果は薄いと見るべきであり、いわんや輸出で農産物輸入の増大を相殺できるものではない。

　他方、輸入で食料品が安くなることがさかんに宣伝されているが、関税の引き下げ・撤廃が食品価格に影響するのは、直接に消費者の口に入る肉とかワインぐらいで、輸入の大宗を占める加工原料については、加工流通過程に吸収されてしまう可能性が大きい。

4．「国内対策」の問題点—TPPとWTO—

　前述のように官邸権力にとってのTPP対策は輸出促進に尽きるが、自民党としてはそれでは選挙に勝てないとして、それなりに「国内対策」の検討に力を入れ、農林水産業骨太方針策定プロジェクトで、A．生産資財、流通・加工、B．人材力、原料・原産地表示、C．輸出、チェックオフ等について検討し、中間とりまとめを参院選に反映させ、2016年秋には具体策を決定するとしている。

現状での国内対策をみると、体質強化策といったTPP対策に限定されないものを除いたものとしては、①米の備蓄用買い入れ、②経営所得安定対策の適切実施（小麦、大麦、砂糖）、③経営安定対策の適切実施（牛肉、豚肉、牛乳乳製品）等が挙げられている。②は品目横断的政策（ナラシ、ゲタ）、③は新マルキン対策等をさすのだろう。④また収入保険制度も検討されている。このうち、①、③、④について検討する。

コメ備蓄制度の課題

米は、民間のSBS（政府にMA米を売る輸入商社と政府から買う米卸がペアで申し込み、価格差の大きいものから入札する売買同時入札）方式での米豪の特別輸入枠を13年目に7.84万トンまで拡大する。そのほか、ミニマムアクセス（MA）米についても一般輸入の枠内に「中粒種・加工用に限定したSBS方式の6万トンの枠」（実際はアメリカ産）を設ける。

政府は米の関税撤廃を免れたとしているが、アメリカとしては一般的な関税撤廃よりも、自国向けの無税枠の設定の方が、確実に輸出できるという実利面での損得判断であり、日本には「関税撤廃ではない」という名をとらせただけである。

国内対策では、政府は原則20万トンの備蓄用買い上げを30数万トンに増やすので、過剰の上乗せ・米価下落にはならないとしている。それに対して米国最大の米マーケティング団体であるUSAライス連合代表は「日米政府間でどういう約束がまじわされ、それが履行されるか精査中」としている。要するに公表された概要にはさらに裏があると見ている。また大筋合意には「量と質の面で納得していない」「最低限の目標として7万トンの無税枠は全量達成していく」とし、輸出としてはまずカリフォルニア産中粒種「カルローズ」、ついで短粒種「コシヒカリ」「あきたこまち」の順だとしている（日本農業新聞2015年12月15日。同紙の2016年1月1日からの連載「輸出大国の野望」も参照）。

輸入米はまず業務用、加工用等の低価格米と競合する。備蓄用の国産米の

買い上げが低価格帯米に集中するなら一定の買い支え効果はあるかもしれないが、現行の備蓄米買い上げはそうなっておらず、低価格帯米における外国産米の比重が増大し、価格引き下げ圧力になる。

また棚上げ備蓄で、5年後は主食用以外に振り向けるので、7.8万トンをエサ米等として売却した場合には、単純計算で200億円近い損失がでるとされている。これでは輸入枠設定の尻拭いを国民にさせることになる。

さらに問題は備蓄制度のあり方である。「米政策改革」で備蓄は純粋に食料安全保障上の備蓄として運用し、需給調整機能は持たせないこととし、入札で100万トンを上限に買い入れ、回転備蓄することとされた。後に棚上げ備蓄に変えられたが、骨格は変わらない。しかるに今回、特別輸入枠分に相当するものを備蓄用に買い入れるということは、備蓄制度を需給調整用に用いるということだ。もしそうなら特別輸入枠に係わらず、備蓄制度を国内需給調整用に使っていいはずで、極めて便宜主義的な運用だといえる。

「黄の政策」

次に牛肉の新マルキン政策については、現行制度では生産者と国が1対3で拠出した基金から、四半期ごとに1頭当たり平均粗収益（枝肉価格）が生産費を下回った場合、その差額の8割を補填するものとされている。今回の国内対策では、制度を法制化し、9割を補填することとしている。豚マルキンについては国と生産者の1：1の拠出を3：1にする。

そのこと自体はTPPにかかわらずもちろんした方がよい。しかし牛肉でいえば、真に国により補填されるのは67.5％（0.75×0.9）に過ぎない。ということは、生産者は価格を引き下げて輸入品への価格対抗力を維持しようとしても、関税削減分の67.5％までしか国内価格を引き下げられず（それ以上引き下げたら採算割れ）、関税削減分100％が下がる輸入牛肉への価格対抗力は弱まる。つまり国内対策を講じても輸入増大は避けがたい。

WTO農業協定では、価格支持や毎年の生産量に基づく直接支払は貿易歪曲効果をもつ「黄の政策」（AMS）として20％の削減を約束させられた。マ

ルキン政策は枝肉価格にリンクするので「黄の政策」に当たる。農水省は、「黄の政策」として、1998年には肉用子牛生産者補給金等交付金等、生乳の生産者団体交付等、大豆なたね生産者団体交付金等の1,248億円をWTOに通告している。しかし約束水準（許容される補助金水準）は39,729億円で、そのほんのわずかしか使っていないとしている（農水省『農林水産物貿易レポート2002』）。同省の2008年の「WTO農業交渉をめぐる最近の動き」でも、約束水準は変わらず、該当政策は5,712億円で、許容額の14％しか使っておらず、まだ86％も枠を残しているとしている[40]。

このように現在のところWTO協定上は問題ないが、今回の国内対策は、この「黄の政策」を敢えて法制化するわけで、WTOへの制度的挑戦ともいえる。しかもドーハラウンドでは、日本は「黄の政策」を71～79％削減することを要求されている（同上）。いまのところドーハラウンドは足踏みしているが、将来的にも「黄の政策」をどんどん増やしても大丈夫とはいかない。

同様のことは、一時、TPP対策の目玉とされた収入保険制度についてもいえる[41]。WTO農業協定上、削減をまぬがれる収入保険の要件は、7割以下への減収に対する7割以下の補償に限定される。それに対して農水省が2015年度調査で想定しているのは、基準収入の9割以下への減収の9割を補填するもので、マルキンと同じく「黄の政策」になる[42]。

以上、いずれの「国内対策」も、価格下落を防ぎえないか（米）、価格下落を補てんし切れず（牛豚肉）、生産量の減少、輸入の増大を招くといえる。

---

(40) それは米価政策をはじめ価格支持政策を、代替策なしに大幅にカットした結果であり、本格的な直接所得支払政策のための財源放棄につながる。
(41) 収入保険制度はアメリカの経営単位収入保険をモデルとしたものだが、本家のアメリカでは、加入は1,000件を超えた程度、平均保証額は110万ドルで果樹経営主体とされている（吉井邦恒「アメリカの収入保険制度」、星勉他『農業収入保険を巡る議論』筑波書房、2015年）。
(42) それでも81％の補償にしかならず、しかも保険料は5％、加入資格は青色申告5年以上継続で、果たして加入者がいるだろうか。

グローバル化時代の日本農政の課題

　TPPは世界に向けて関税削減・撤廃するスタートラインだと前述した。そうであれば、日本の農業政策の向かう先は、価格は国際競争・国際価格にゆだね、再生産の保障は直接所得支払政策で行うEU型の先進国型農政に転換せざるをえなくなる。その走りが、今回の国内対策の「経営所得安定対策の適切実施」「経営安定対策の適切実施」に小出しされているともいえる。圃場の外回りを保全するための外圃向け「日本型直接支払」などではお茶を濁せない本格的な（内圃向け）直接所得支払政策の登場が必要になる。中長期的な日本の農業政策は、いずれドーハラウンドが再開されることを視野に入れつつ、そこで「黄の政策」の扱いが厳しくなることを睨みながら、それをどのようなかたちでクリアしていくかが問われる(43)。

　しかしヨーロッパは国際競争力をもつ輸出国・輸入国であり、また守るべき輪作体系上の作目もある程度絞られている。そこでは、直接所得支払い分だけ国内価格を引き下げて国際価格にさやよせしつつ、域内再生産と輸出を可能にさせられるかもしれない。

　だが輸入大国日本にあっては、直接所得支払政策が内外価格差の水準や変動に柔軟敏速に対応できなければ、その隙を突く形で輸入が急増する恐れがある。価格変動に対して柔軟たろうとすれば、価格連動的になって「黄の政策」にカウントされ、削減対象になる。また国際価格の引下げは手数料収入に依存する農協の存在基盤を脅かす。

　とすれば日本は、前述の「2000年WTO日本提案」の原点にたちもどり、「行き過ぎた貿易至上主義へのアンチテーゼ」としての「農業の多面的機能への配慮」「食料安全保障の確保」等の「多様な農業の共存」という「人類の生

---

(43)注41に述べたように、WTO農業協定の「黄の政策」としての価格支持政策を直接所得支払政策に切り替えることなく、一方的に削減してしまった日本農政が、新たな直接所得支払政策の財源を確保できるかは、ひとえに国民合意にかかっている。

存権」を主張し、それを政策的に具体化していく必要がある。しかるに全ての関税の撤廃をめざすTPPは「行き過ぎた貿易至上主義」の最たるものであり、それへの参加は世界に向けた日本の主張の自己否定であり、2000年提案を、国内農業保護の単なる方便に化してしまう。それはグローバル化時代における日本という国の信用失墜につながる。そうならないためには、国会論議、それと並行した国民的論議を通じてTPP批准を阻止する必要がある。

5．TPP（交渉）の本質との戦い―国民的理解に向けて―

本章の2で指摘したように、TPP（交渉）は日本の政権にとって、通商問題・経済問題というよりはまず安全保障問題であり、日米同盟強化のために、経済面での対米妥協を図るものと言える。

経済面に限っても、政府の経済効果分析ではTPPによりGDPが増えるが、そのなかで農林水産業のみは生産額が減ることになっている。TPPが「アベノミクスの切札」として、農林水産業を犠牲にして成長戦略を追求するものであることだけは確かである。

しかし農林水産業の被害を強調するだけでは国民的理解は得られない。「大筋合意」を受けた朝日新聞の世論調査でも（2015年10月20日）、TPP参加への賛否では、賛成58％、反対21％、「日本の経済にとって、どんな影響がありますか（択一）」という設問では、「とてもよい影響」6％、「ややよい影響」54％。また「日本の農業がどの程度、打撃を受けると思いますか（択一）」については、「大いに打撃を受ける」19％、「ある程度打撃を受ける」58％だった。国民は、農業が打撃を受けることは承知の上で、にもかかわらずTPPに多数が賛成しているのである。このような状況を打破するには、TPPが日本経済や国民生活にとってマイナスであることを明らかにする必要がある。

アベノミクスの成長戦略が貿易・輸出依存であることはTPPの追求に明らかだが、アメリカの過剰消費がとん挫し、中国のバブル経済が崩壊に向かう今、日本の外需依存の経済構造そのものの見直しが求められている。これか

らの日本経済は、環境・医療・福祉・地域経済と言った内需の拡大に依拠する必要があるが、TPPで農林水産業や国民生活にダメージを与え、地域経済を疲弊させておいて、それは難しい。

　アベノミクスの成長戦略の鍵はTPPを通じる規制の緩和・撤廃である。政府の「経済効果分析」は「政府調達への参入拡大や外資規制の緩和等を例として、投資・サービスの自由化が我が国を含めたTPP域内各企業に投資機会を与え、成長を高めると期待される」としている。にもかかわらず対内・対外投資の効果は今回の定量分析に含めなかったとしているが[44]、アベノミクスは外資の対内投資を成長の一つの鍵とみている。そのための規制緩和を通じて、日本企業もまた利益を追求する。要するに日本を「世界で企業が一番活用しやすい国」に規制緩和していくのが狙いである。

　同時にTPP諸国への直接投資の促進が狙われている[45]。日本は既に貿易立国から投資立国に転換している。日本の貿易収支は2011年より赤字であり、それに対して主として海外投資収益からなる第一次所得収支黒字は21世紀に大きく伸び、2015年は20.8兆円で2005年の倍になっており、知的財産権使用料も2.4兆円にのぼる。

　このような対外投資の権益を守る武器がTPPに含まれるISDS条項、すなわち外国投資家が投資先国の規制等により期待収益を挙げられなかった場合には当該国をアメリカ系司法機関に提訴でき、国は負ければ莫大な賠償金を払わされることから、国に規制の自粛を迫る条項である。

　問題は日本国の措置がアメリカ企業等に提訴されるだけでなく、日本の海外進出企業がこれを武器にして進出先の国民を苦しめることだ。政府は提訴

---

(44) 川崎研一は、投資ルール分野で4兆円程度の効果があると試算していると伝えられる（日経10月6日）。先の「経済効果分析」のGDP増は13.6兆円なので、4兆円は大きい。具体的にはコンビニチェーン大手等が国内市場の成熟を踏まえて海外投資に意欲を示している。たかが流通業とみる向きもあるが、コンビニは情報化時代の日本的システムの創造であり、その世界への輸出が狙われている。

(45) 拙著『戦後レジームからの脱却農政』筑波書房、2014年、第2章。

例はほとんどないとしているが、この条項は存在するだけで公共政策抑制効果を発揮するのがポイントである。こうして各国が国民の健康・安全・環境を守る公共政策の範囲が切り縮められ、米日多国籍企業が大手をふって国境を素通りする（第6章）。

　要するに、内外多国籍企業と諸国民との対立こそがTPPの本質である[46]。その点は、「大筋合意」の最後までもつれ込んだ、バイオ新薬のデータ保護期間をめぐる米日とその他の国の対立にも明らかである（第5章）。また多くの消費者が懸念する食の安全性問題についても、決して懸念が払しょくされたとは言えない（第4章）。

　TPPのメインテーマはアメリカ流のグローバルルール作りである。ルールを作るのは国家であって多国籍企業ではない。多国籍企業はそのような主権国家の機能を利用しつつ自らの企業利益を追求する。日本の場合は、加えて日米同盟強化、安全保障という大義名分が加わり、よけいに国民の利益がないがしろにされる。

　最後に、日本にとってTPPとは何かという本章の論旨を今一度まとめると、第一に、対中国等に対する安全保障問題と位置付けることで日米同盟強化の接着剤であり、第二に、アメリカに日本を守ってもらうという建前への代償としてのアメリカへの経済的譲歩・従属であり、第三に、アメリカのグローバルスタンダードづくりに「目下の同盟者」として与しつつ、投資国家として海外投資権益を確保するものといえる。

　反TPPの取組みは、この三面を見据え、日本の民主主義や平和を守る戦い、多国籍企業に対抗して国民の健康・安全・国土・環境を守る戦いに連なっていく必要がある。

---

(46)拙著『戦後レジームからの脱却農政』（前掲）第2章。

第2章
TPPと農業

東山　寛

1．TPP農業交渉の特徴

　2015年10月5日、米国・アトランタで開催されていたTPP12ヶ国の閣僚会合が閉幕し、TPP交渉の妥結（大筋合意）が発表された。

　今から20年前の1995年に始まったWTO体制下の日本農業は、WTO新ラウンド（2001年）、FTA・EPA、そしてTPPという自由化圧力に次々と直面してきた。TPP以前、われわれが最も脅威に感じていたのは日豪EPAであり、それ以前はWTO新ラウンドであった。

　しかし、このWTO新ラウンド・日豪EPA・TPPは、農業分野の扱いをめぐっても決してひと括りには捉えられない。参加国の数からいけば、WTOは「マルチ」（多国間協定）、日豪EPAは「バイ」（二国間協定）、TPPは「プルリ」（複数国間協定）になるだろうが、それだけで言い尽くせるものではない。三者の間には以下に述べるような異同があり、それを押さえておくことで、TPP農業交渉の「異常性」を特徴づけることができるだろう。

　まず第1に、EPA・TPPでは、農業交渉を「特別扱い」していないことである。

　WTO新ラウンド交渉は、農業交渉に独立した位置づけを与えていた。日本はこれに基づき、農業保護の新たな理念としての「多面的機能」を主張して（2000年12月）、フレンズ国（G10）の形成を図っていたのである。

　これに対して、EPA・TPPでは、農業分野は単なる市場アクセス交渉の

中にしか位置づかない。そこでは、あからさまな「保護」の主張はタブーであり、それに代わる「多面的機能」のような理念を打ち出すことも「場違い」でしかないだろう。

　第2に、重要品目を扱うルールも設定されていないことである。

　周知のように、WTO新ラウンド交渉は、高関税品目の「関税引き下げ」を主題としている。その際、重要品目の数、関税引き下げ方式、上限関税といった論点を具体的に設定していた。なかでも重要品目の数については、モダリティ案が4％（条件付き6％）であったのに対し、日本は最後まで8％を主張したとされている[1]。

　これに対し、EPA・TPPでは、重要品目を扱う特段のルール設定は行われていない。ただし、EPA交渉では結果的に、重要品目の「除外か再協議」という扱いを、原則的に獲得してきたのである。しかし、TPPは全品目を交渉のテーブルに載せることが求められた。このことは、日本が正式参加する以前に取りまとめられた「TPPの輪郭」（2011年11月）が「TPPの関税譲許表は約11,000のタリフラインのすべての物品をカバーする」と述べていることからもうかがえる。そして、日本の参加を決定づけた2013年2月の日米首脳会談の共同声明は「全ての物品が交渉の対象とされる」ことを確認している。

　そもそも「除外」とは、最初から交渉のテーブルに載せないことを意味する。そしてTPP大筋合意では、「聖域中の聖域」であるコメですら「除外」や「再協議」の扱いを獲得することができなかった（特別輸入枠の設定）。交渉の具体的な局面においては、自由化率の目標が問題となったことがあった。これが自民党・TPP対策委員会の西川委員長（当時）の「抜けるか抜けないか」発言につながっていくが（2013年10月）、この自由化率の議論もいつの間にか雨散霧消してしまった感がある。

　そして、先述した2013年2月の日米首脳会談において「センシティビティ」

（1）農林水産省「WTOドーハ・ラウンド交渉―現行モダリティ案（2008年12月）について―」（2014年9月）、2ページ。

の確認をした後も、ここから踏み込んで重要品目を扱うルール形成に進んだわけではない。ただし、アメリカ側の「センシティビティ」である自動車については、同年4月12日の日米事前協議合意において「自動車に係る米国の関税がTPP交渉における最も長い段階的な引下げ期間によって撤廃され、かつ、最大限に後ろ倒しされること」「この扱いは米韓FTAにおいて自動車に係る米国の関税について規定されている扱いを実質的に上回るものとなること」は確認された[2]。アメリカの「センシティビティ」だけは早々にルール化されたが、日本側の「センシティビティ」である農産品の扱いに関するルールは一向に形成された気配はない。

それは結果的に、日米間の「方程式合意」（米国側は「パラメーター合意」）というかたちで、妥協的な結末を見ることとなったのである（2014年4月）。

第3に、このような性格をもつEPA・TPPの農業分野の交渉を制約するものとして、日本は「国会決議」に頼らざるを得なかったことである。日豪EPAの場合は、当時の安倍＝ハワード会談で交渉入りが決定した2006年12月、TPPでは参加表明直後の2013年4月に国会決議（衆参農林水産委員会決議）が行われている。

日豪EPAの決議は「米、小麦、牛肉、乳製品、砂糖などの農林水産物の重要品目が、除外又は再協議の対象となるよう、政府一体となって全力を挙げて交渉すること」、TPPの決議は「米、麦、牛肉・豚肉、乳製品、甘味資源作物などの農林水産物の重要品目について、引き続き再生産可能となるよう除外又は再協議の対象とすること」であり、TPP決議は日豪EPAの前例

（2）結果的に、アメリカ側の自動車関税は、乗用車（2.5％）が15年目に削減を開始して25年目に撤廃、トラック（25％）が29年目まで関税を維持して30年目に撤廃となった（経済産業省「環太平洋パートナーシップ協定（TPP協定）における工業製品関税（経済産業省関連分）に関する大筋合意結果」2015年10月）。日本側で関税撤廃までの最長期間を確保したのはホエイの21年目である。2012年3月に発効した米韓FTAでは、乗用車は5年目、トラックは10年目に関税撤廃することになっており、アメリカはTPPでこれよりもはるかに長い撤廃期間を確保した。

を参考にしたものである。「国会決議との整合性」を考慮することが、ある意味では唯一の交渉ルールになっていくが、曖昧な解釈の余地を残すものである上に、あくまでも自主ルールに過ぎない。

さらなる問題は、国会決議に交渉を中断させる力がなかったことである。日豪EPAの決議は「重要品目の柔軟性（柔軟な取り扱い）について十分な配慮が得られないときは、政府は交渉の継続について中断も含め厳しい判断をもって臨むこと」、TPP決議も「農林水産分野の重要5品目などの聖域の確保を最優先し、それが確保できないと判断した場合は、脱退も辞さないものとすること」としていたが、結果的には重要品目に踏み込んだ譲歩を行った。政府には「国会決議との整合性」が問われるが、それは最終的に「国会が判断すべきこと」いう理屈が、残念ながらまかり通っている。今の安倍政権下で、これほど危険なことはない。

第4に、TPPは交渉期間がきわめて短期間であったことである。

周知のように、WTO新ラウンド交渉は2008年7月の閣僚会合で事実上決裂し、長きにわたって「漂流」している。日豪EPAの場合は、2007年4月の交渉開始から、2014年4月の大筋合意に至るまで、丸7年を要した。これに対して、TPPの場合は、日本の正式参加（2013年7月23日）から数えて、2年2ヶ月ほどでしかない。ひとえに、このタイミングで大筋合意することを主導した「政治決着」の結果であると言えよう。

2．TPPの関税撤廃構造

（1）関税撤廃率の比較

TPPの関税撤廃率は全品目で95％、農林水産品は81％であることがすでに明らかになっている（品目数ベース、以下同じ）。前者について、他の11ヶ国は軒並み99〜100％であり、日本の水準が相対的に低いのは事実である。

また、**表2-1**に示したように、農林水産品についても、日本に次いで関税撤廃率が低いのはカナダ（94.1％）、ペルー（96.0％）、メキシコ（96.4％）

表2-1 TPP各国の農林水産品の関税撤廃率

(単位：%)

	関税撤廃率 ①+②+③	自由化率 ①+②	関税撤廃の内訳		
			即時撤廃 ①	10年以内 ②	10年超 ③
日本	81.0	78.8	51.3	27.5	2.2
米国	98.8	93.3	55.5	37.8	5.5
カナダ	94.1	94.1	86.2	7.9	0.0
メキシコ	96.4	91.3	74.1	17.2	5.1
豪州	100.0	100.0	99.5	0.5	0.0
ＮＺ	100.0	100.0	97.7	2.3	0.0
チリ	99.5	99.5	96.3	3.2	0.0
ペルー	96.0	94.0	82.1	11.9	2.0
シンガポール	100.0	100.0	100.0	0.0	0.0
マレーシア	99.6	97.9	96.7	1.2	1.7
ベトナム	99.4	94.9	42.6	52.3	4.5
ブルネイ	100.0	100.0	98.6	1.4	0.0

資料：内閣官房「TPPにおける関税交渉の結果」（2015年10月20日）
注：1）即時撤廃には既に無税のものも含む。
　　2）日本以外の11ヶ国は対日の数値。

の順であり、米国も98.8％である。これらからすると、日本の「81％」という水準は「特別扱い」に映るかもしれない。このことは、10年以内（＝発効11年目まで）の関税撤廃率をあらわす自由化率を見ても、同じことが言える。日本の農林水産品の自由化率は78.8％であり、これに続くのはメキシコ（91.3％）、米国（93.3％）、カナダ（94.1％）の北米3国となっている。

しかし、周知のように、日本は食料自給率39％の輸入大国である。TPPは北米・オセアニアという世界最強の農産物輸出国グループを含んでおり、そのような輸出国と比べてもほとんど意味がないのではないか。むしろ、このような関税撤廃率・自由化率のような基本的数値をめぐっても「これまでと比べてどうなのか」が問題であろう。

その点で、政府の資料公表はまだ十分ではない。例えば「TPPにおける関税交渉の結果」（内閣官房TPP政府対策本部、2015年10月20日）では、直近の日豪EPAの関税撤廃率が89％であったことが注記されている（1頁）。89％が95％に引き上がった限りでは、それほどの違いは感じられないかもしれない。しかし、農林水産品についてはどうなのであろうか。比較可能な、肝

心な数値は明示されていない。

　ところで、TPPは関税撤廃率をベースに数値を整理しているが、これまでのFTA・EPAは10年以内の関税撤廃＝自由化率を問題にしてきた。TPPでは、10年超のものも含めて「自由化扱い」とカウントするよう、共通のルールを設定したと思われる。日豪EPAの締結以前、日本の既存13EPAのうち、自由化率が最も高いのは日フィリピン協定の88.4％とされてきた[3]。そして、日フィリピン協定の農林水産品の自由化率は、59.1％である[4]。管見の限り現時点で唯一、これが比較可能な数値である。農林水産品の自由化率を59％から79％へと大幅に引き上げたのが、TPPの何よりの特徴である[5]。

（2）農林水産品の関税撤廃構造

　TPPの関税撤廃構造をあらためて示しておくと、全体像は**表2-2**のようになる。まず、全品目は95％、農林水産品は81％であるが（前述）、鉱工業品は100％の関税撤廃である（**表2-2（1）**）。鉱工業品について、既存のEPAで「自由化率」が最も高かったのは日メキシコ協定の99.3％であり[6]、先述した農林水産品の大幅引き上げとは比べものにならない。

　TPPにおける市場アクセス交渉の「ルール」は未だに不明な点が多い。それ自体が、秘密保持契約の対象であろう。しかし、先述したように、TPP各国は結果的に「95％以上」の関税撤廃を達成している。仮に日本が「95％」の関税撤廃をゴールに設定していたとすれば、そのためにとり得た手段とは

---

(3) 2014年8月5日の関税・外国為替等審議会関税分科会資料「経済上の連携に関する日本国とオーストラリアとの間の協定の概要」（5頁）によれば、日豪EPAの自由化率も同じ88.4％である。
(4) 作山巧『日本のTPP交渉参加の真実』文眞堂、2015年、9頁。
(5) 本稿脱稿後、作山巧氏により日フィリピン協定の農林水産品の関税撤廃率は61.6％であることが示された（作山巧「TPPの交渉経緯と協定発効までの道筋」『農業と経済』2016年3月号、9頁）。したがって、TPPは農林水産品の関税撤廃率を62％から81％に引き上げたことになる。
(6) 作山巧『前掲書』、9頁。

表 2-2 TPP の関税撤廃構造 (1) 全品目

	全品目	農林水産品	鉱工業品
ライン数	9,018	2,328	6,690
関税を残したライン	443	443	0
関税撤廃するライン	8,575	1,885	6,690
関税撤廃率（％）	95.1	81.0	100.0

(2) 農林水産品

	農林水産品（再掲）	無税品目	有税品目
ライン数	2,328	460	1,868
関税を残したライン	443	0	443
関税撤廃するライン	1,885	460	1,425
関税撤廃率（％）	81.0	100.0	76.3

(3) 有税品目

	有税品目（再掲）	重要品目	重要品目以外
ライン数	1,868	834	1,034
関税を残したライン	443	439	4
関税撤廃するライン	1,425	395	1,030
関税撤廃率（％）	76.3	47.4	99.6

(4) 重要品目

	重要品目（再掲）	重要5品目	5品目以外
ライン数	834	586	248
関税を残したライン	439	412	27
関税撤廃するライン	395	174	221
関税撤廃率（％）	47.4	29.7	89.1

資料：表 2-1 に同じ。

何だったであろうか。このことを逆算して考えたい。

　まず、鉱工業品（6,690ライン）の100％関税撤廃を前提に置けば、その裏返しとして農林水産品（2,328ライン）の「81％」が自動的に決まることになる。関税を残した品目は443ラインであり、すべて農林水産品である。関税を撤廃したのは1,885ラインであり、これが「目標値」となる。ただし、このうち既に無税のものが460ラインであり[7]、これらは「即時撤廃」の扱いに含まれる。したがって、農林水産品の有税品目は差し引き1,868ラインとなるが、このうち1,425ラインの関税撤廃が必要になる。これが真の「目標値」であろう。有税品目のベースでは、TPPの農林水産品の関税撤廃率は76.3％、ほぼ4分の3に及ぶ（**表2-2（2）**）。

2013年4月の国会決議が掲げた「農林水産物の重要品目」は834ラインであり、これは農水省が同年2月段階で整理したものがベースになっている。頭出しされた7つのカテゴリー（コメ、ムギ、砂糖、でん粉、牛肉、豚肉、乳製品）にあたる「重要5品目」は586ライン、「5品目以外」は248ラインである。これらは先の有税品目の内数となるだろうが、これを除く「重要品目以外」は差し引き1,034ラインとなり、関税撤廃の優先順位はまずここからであろう。結果的に、この「重要品目以外」で関税を残したものは4ラインに留まり[8]、ほぼ100％の関税撤廃である（表2-2（3））。

　しかし、ここで有税品目の半分超の1,030ラインを関税撤廃してもなお、目標に到達するには395ライン足りない。そこで、重要品目の関税撤廃に踏み込むことになる。次なる優先順位は「5品目以外」であろうが、248ラインのうち関税を残したのは27ラインに過ぎず[9]、9割に及ぶ関税撤廃である（表2-2（4））。しかし、これでもなお174ライン不足している。

　そして、最後に「重要5品目」の関税撤廃で「数合わせ」をせざるを得ない。この点が「国会決議との整合性」にかかわる論点のひとつとなるが、結果的に3割の関税撤廃に踏み込んでいるのである（表2-2（4））。

　総括すると表2-3に整理したように、関税を残した443ラインの内訳は、「重要品目以外」が4ライン、「5品目以外」が27ライン、「重要5品目」が412

（7）内閣官房TPP政府対策本部「TPPにおける関税交渉の結果」（2015年10月20日）は、農林水産品の即時撤廃の比率が51.3％であることを示しているのみで、ライン数は示していない。日本農業新聞2015年10月21日付けは、この即時撤廃のライン数が1,195であり、このうち既に無税が460ラインであると報じている。これとは別に、農水省大臣官房国際部貿易関税等チーム「我が国の農林水産物の関税制度」（2015年8月）は、農産物（1,907ライン）のうち関税が「0％」のものは434ラインであるとしており、信頼できる数値として以下この「460ライン」を用いている。
（8）前出「TPPにおける関税交渉の結果」によれば「ひじき・わかめ」の4ラインである（3頁）。
（9）同じく「TPPにおける関税交渉の結果」によれば「雑豆、こんにゃく、しいたけ、海藻等」とされている（3頁）。

表 2-3　TPP の関税撤廃構造─総括表─

	農林水産品（合計）	無税品目	有税品目		
			重要品目以外	重要品目	
				5品目以外	重要5品目
ライン数	2,328	460	1,034	248	586
関税を残したライン	443	0	4	27	412
関税撤廃するライン	1,885	460	1,030	221	174
関税撤廃率（％）	81.0	100.0	99.6	89.1	29.7
（参考）全品目の関税撤廃率（％）	79.3		90.7	93.2	95.1

注：全品目の関税撤廃率は累積値（鉱工業品の100％関税撤廃を前提）

ラインとなる。これが、すべてである。この順に関税撤廃していったとすれば、「重要品目以外」を関税撤廃した時点で90.7％であり、これは既存のEPAレベルとほぼ遜色ない。しかし、TPPはこの一線を踏み越えた。「5品目以外」を撤廃した時点で93.2％となり、最終的に「重要5品目」にまで踏み込んでの95.1％である。

なぜここまで踏み込んだのかと言えば、そもそもから「95％」という目標を置いていたという以外には考え難い[10]。だとすれば、2013年4月の「国会決議」は最初から反故も同然である。そして、TPP交渉の結果は「なし崩し」的な関税撤廃としか言いようがない。

（3）重要5品目の関税撤廃構造

この「重要5品目」について、カテゴリー別の関税撤廃構造を示すと**表2-4**のようになる。一見してわかるように、牛肉・豚肉の関税撤廃率が突出して高いのが特徴である（牛肉73％、豚肉67％）。なぜこのような差がついたのか、政府は説明すべきであろう[11]。

この点を、公表されている品目別の関税の扱いに関する資料から、重要品

---

(10) 作山巧「前掲論文」は「関税撤廃率を品目数ベースで95％以上とする」という基準を "TPP参加国が秘密裏に策定した" としている（8頁）。
(11) 表示したように、北海道が重要5品目並の扱いを求めていた雑豆（16ライン）の関税撤廃率も75％であり、きわめて高水準である。

表2-4　重要5品目の関税撤廃構造

	コメ	ムギ	砂糖・でん粉	（参考）雑豆
ライン数	58	109	131	16
関税を残したライン	43	83	99	4
関税撤廃するライン	15	26	32	12
関税撤廃率（%）	25.9	23.9	24.4	75.0
	牛肉	豚肉	乳製品	合計（再掲）
ライン数	51	49	188	586
関税を残したライン	14	16	157	412
関税撤廃するライン	37	33	31	174
関税撤廃率（%）	72.5	67.3	16.5	29.7

資料：日本農業新聞2015年10月22日付け報道など。

表2-5　品目別の関税撤廃構造　（1）牛肉

品目名	ライン数	関税撤廃
肥育素牛	2	2
牛肉、牛のほほ肉及び頭肉	14	0
牛タン、牛臓器	5	5
牛くず肉	2	2
牛肉調製品	28	28
合計	51	37

（2）　豚肉

品目名	ライン数	関税撤廃
肥育素豚、実験用豚など	4	4
豚肉・豚くず肉	24	8
豚の内臓、肝臓、その他臓器	3	3
豚肉調製品（ハム、ベーコン等）	14	14
ソーセージ	1	1
豚肉調製品（とんかつ等）	3	3
合計	49	33

資料：農水省「農産物の品目別の交渉結果概要」など

目としての牛肉・豚肉に区分されてきたタリフラインを特定し、その扱いを品目別に整理した結果は、表2-5のように示される。

　あらためてこのように整理しておくと、牛肉では関税を残したものが「本体」部分の14ラインのみであり、それを除いてすべて関税撤廃している。政府は、関税撤廃する品目の「選定基準」として、①輸入実績が少ない、②輸入依存度が高く、国産から置き換わりにくい、③関税を撤廃した方が農家の

メリットになる、の3点を挙げ、「影響が小さいと考えられる」品目を選んだとするが(12)、この牛肉の結果を見てもかなり「割り切った」対応をしていると言わざるを得ない。

豚肉も同様であるが、「本体」（24ライン）のなかでも関税撤廃にカウントされるものがある（8ライン）。これは、差額関税制度に即して元々の品目分類が行われており、TPPでは従価税（4.3％）部分の関税撤廃に踏み込んでいるからである。

このように、最も高水準の関税撤廃に踏み込んだ牛肉・豚肉について見ると、「本体」部分を除いてすべて関税撤廃している。ここまでの譲歩をするのであれば、国会決議も掲げていたように、どこかの時点で交渉を中断するべきではなかったのか。

3．TPPにおける重要品目の扱い

(1) 譲許表の特徴

TPPでは、関税を残した重要品目についても「除外か再協議」のような「例外扱い」を獲得することはできず、「無傷」のものは何もなかった。日豪EPAも含めて、これまでのEPAの譲許表では「除外」や「再協議」扱いの品目があった。譲許表はその扱いを記号（アルファベット）で示すのが通例であり、既存のEPAではほぼ共通して「除外＝X」「再協議＝R」である(13)。

ところが、TPPの譲許表にはこのような扱いがない。2016年2月2日に公表された協定（正文）の仮訳は、物品を扱う「第2章」の附属書2-D「日本国の関税率表：一般的注釈」の政府訳を初めて示した。この附属書では計63種類の記号を説明しているが、「即時撤廃＝EIF」「段階的関税撤廃＝B」「関

---

(12) 日本農業新聞2015年10月22日付け報道による。重要5品目のカテゴリー別の関税撤廃率も同報道によっており、政府は公表していない。
(13) 例えば、税関のサイトに掲載されている「譲許表の読み方（日マレーシアEPAの例）」を参照。即時撤廃は「A」、段階的な関税撤廃は「B」、関税削減は「P」を用いるのが基本である。

税削減＝R」の3つが基本で、「除外」や「再協議」を明示する区分はない。これ以外には関税割当（輸入枠の設定）をあらわす「TRQ」と、税率の維持を意味する「MFN」があり、関税割当の具体的な扱いは別添の「付録A」で示されている。そしてこの「MFN」が「除外」に該当するのかと言えば、必ずしもそうではない。

　例えばコメの場合、日豪EPAでは「除外」をあらわす「X」のみであったのに対し、TPPでは「MFN」と「TRQ」がそれぞれ書き込まれている。ひじょうにややこしいが、要は「国家貿易枠内」の一部にアメリカ・オーストラリア向けの「特別輸入枠」（国別枠）が含まれることになったため、その部分が「TRQ」の扱いでそれ以外は「MFN」、「国家貿易枠外」も「MFN」とされているのである。コメの「本体」のタリフラインは全部で8であるが、「国家貿易枠内」の4ラインには「MFN」と「TRQ」が併存し、「国家貿易枠外」の4ラインは従来通りの「MFN」が書き込まれている。

　つまり、日豪EPAでは4桁の番号（＝項）であらわされる「コメ」全体が「除外」の扱いであったのに対し、TPPではその下の6桁の番号（＝号）であらわされる「もみ」「玄米」「精米」「砕米」のどれひとつをとっても完全な「除外」扱いはない。コメの場合は、さらにその下の9桁の番号（＝細分）で示される「国家貿易枠内」のタリフラインに「TRQ」が含まれることになったからである。

　したがって、TPPの譲許表は「除外」や「再協議」の扱いを想定したつくり方にはなっていない。繰り返しになるが、2013年4月の「国会決議」が空しく思えるのである。

（2）関税撤廃以外の譲歩

　コメについては先んじて触れたが、あらためて全体像を見ておくと**表2-6**のようになる。

　関税撤廃しなかった443ラインを、①関税削減、②部分的な関税削減（撤廃を含む）、③関税割当の設定（関税維持）、④関税維持、の4つに区分して

表2-6　関税を残したラインの扱い

区　分	ライン数
①税率を削減したもの	116
②一部について税率を維持したもの	11
③関税割当を新たに設定し、税率を維持したもの	160
④税率を維持したもの	156
合　　計	443

資料：日本農業新聞2015年10月22日付け報道による。

いる。②がわかりにくいが、例えばチーズである。ナチュラルチーズのうち「その他のチーズ」に区分される熟成チーズ（チェダー、ゴーダ、カマンベール等）のタリフラインは1つであるが、TPPではこのうちソフトチーズ（カマンベール等）の税率を維持し（前述の「MFN」扱い）、ソフトチーズ以外（チェダー、ゴーダ等）は16年目に関税撤廃とした。したがって、タリフラインの一部に関税撤廃・削減を含んでいる。

そこで、①と②を合わせると127ラインである。これを、表2-2（2）に示した有税品目の関税撤廃と足し合わせると計1,552ラインとなり、TPPでは83％の品目で関税撤廃・削減を行っていることになる。さらに、③の160ラインを重ねると計1,712ラインとなり、有税品目対比ではついに9割を超える水準となる（92％）。これが、TPPにおける譲歩の全体像である。

ただし、関税を維持した残る156ラインについて、そうした品目が本当に「無傷」なのかと言えば、必ずしもそうではない。これは先述したコメの場合がそうであるように、同じ品目の中で細区分されているラインが機械的に「MFN」にカウントされているだけである。したがって、結局、TPPは全品目で譲歩を行っていることになる。これが本稿のひとつの結論である。

（3）TPPの見直し条項

TPPが「7年後の見直し条項」をもつことは、ひろく知られるようになった。それを規定しているのは、先の附属書2-D「日本国の関税率表：一般的注釈」である。

まず、その部分を政府仮訳より引いておけば「オーストラリア、カナダ、

チリ、ニュージーランド又はアメリカ合衆国の要請に基づき、日本国及び当該要請を行った締約国は、市場アクセスを増大させる観点から、(中略)原産品の待遇についての約束(この表における関税、関税割当て及びセーフガードの適用に関するもの)について検討するため、この協定が日本国及び当該要請を行った締約国について効力を生ずる日の後7年を経過する日以後に協議する」となっている(217頁)。

　このような「見直し条項」は、日豪EPAにも確かにあった[14]。しかし、日豪EPAの場合は、あくまでも「再協議」扱いの品目がその対象であり、「再協議」も含めて「例外扱い」を欠くTPPの場合、このような条項は不要ではないかと思われる。

　また、ここで名前が挙がっている5ヶ国の「一般的注釈」を参照しても、日本だけが複数国とこのような「約束」をしているように思える。カナダの付属書を見ても「見直し」の相手国は日本だけであり、米国とすらこのような約束はしていない。そして、日本として、関税撤廃率が99〜100%の国を相手に「要請」するようなことはあるのか、当然のことながら疑問である。したがって、この「見直し条項」は、かなり片務的な性格をもっていると言わざるを得ない。

4．TPPと農業保護政策

　以上、TPPで日本が行った農業分野での譲歩を、関税撤廃構造を中心に整理してきた。しかし、いちばん問題にしなければならないのは、日本の農業保護政策のあり方である。農業保護政策は「国境措置」と「国内助成」のセットであり、これだけ国境措置が後退すると、農業保護政策がトータルとして維持できるのかどうかに、最大の懸念がある。

　2015年11月25日、政府のTPP対策大綱(「総合的なTPP関連政策大綱」)が

---

[14] 拙稿「日豪EPAの影響と国内対策の論点」『農業と経済』2015年4月号、48〜49頁参照。

決定した。政府の検討は10月9日の「基本方針」の策定から始まるため、およそ1ヶ月半という短期間でとりまとめられたことになる。本文は15ページで、「Ⅰ．基本的な考え方」「Ⅱ．TPP関連政策の目標」「Ⅲ．今後の対応」「Ⅳ．実現に向けた主要施策」という4つのパートに分かれている。農業対策もⅡ・Ⅲ・Ⅳのそれぞれに記述がある。この他に、1ページの「概要」と29ページの参考資料が添付されている。これで、すべてである。

農業対策の検討は、2015年10月27日の自民党農林関係合同会議からスタートし、11月13日に「素案」、17日に取りまとめが行われ、実質的にここで終了した。これも20日間余りという短期間であった。以下では米麦、砂糖、畜産物を取り上げ、政府対策の問題点を指摘することで本稿の結びに代えたい。

（1）米麦

TPPではアメリカ・オーストラリアに対して主食用米の輸入枠（最終年で計78,400実トン）を設けることとしたため、否応なしにその分の輸入が増加する（実トン＝精米・玄米・もみのいずれでも重量でカウントすること）。

現在のMA枠は77万玄米トンであり、一般輸入米が66万玄米トン、SBS米が10万実トンというかたちで運用されている。ただし、主食用に向けられるSBS米の取引は、近年低調である。2013年度の実績は6万実トン、2014年度は1万実トンでしかない。国産米の価格が下落し、輸入米の「うま味」が薄れているためである。そして、現在のMA枠のSBSであれば、このように「未消化」ということも許されるだろう。SBSは一般米の入札とは違い、基本的には民間取引であり、実需がなければ輸入する必要がないからである。

しかし、TPPはSBS入札に関するルールを別途、細かく定めている。これは公文書の交換というかたちをとっており、日本はアメリカ・オーストラリアとそれぞれ文書を交わしている。この交換公文も、協定と同じ法的効力をもっている。違反すれば、TPPの紛争解決の場に引きずり出されるため、強制力を有する。政府が公表した文書の概要を見ても「とにかく枠を消化させる」ような仕組みにすることがうかがえる。また、アメリカ筋は、今回の措

置で「幅広い日本国内の事業者が入札に参加できるようになる」ことを歓迎しているようである⁽¹⁵⁾。

　そこで、国内では輸入米の影響を「遮断」する対策がとられる。TPPのSBS枠で輸入されたコメは、とにかく国内に流通させなければならない。そして、枠の未消化もあり得ない。農水省が2015年10月29日に公表した「影響分析」によれば、それによって「国産米全体の価格水準が下落することも懸念」される。そこで、その分の国産米を市場から「消去」する。これが備蓄米の買い増しである。現在の備蓄制度は、100万トンを適正な備蓄水準として、年間20万トンを買い入れ（近年は25万トン）、5年でエサ処理する「棚上備蓄」を基本としている（主食用として再び市場に出すのが「回転備蓄」である）。主食用の価格で買い入れてエサ処理するわけであるから、当然に差損がある。保管経費もかかる。これらは財政負担である。

　輸入米はおそらく精米で入ってくるだろうから、78,400トンの玄米換算は86,000トンほどになる（換算係数＝0.91）。これを100万トンに上乗せすれば良かったのかもしれないが、そうし難い事情があったと推察される。おそらくは政府倉庫の能力の問題である。そこで、5年の保管期間を3年に短縮することとした。そうなると、年間の買い入れ量はおよそ33万トンとなり、直近のベース（25万トン）から8万トン強増える。これで辻褄が合うということなのかもしれない。

　しかし、そもそも、備蓄運営は価格対策として用いないことになっていたのではなかったか⁽¹⁶⁾。だからこそ、2014年産米対策でも備蓄が主役になることはなかった。今回の「買い増し」は、明らかに価格対策である。あまりにもご都合主義だろう。

　当然に、財政負担の問題もある。政府が現在、備蓄米をいくらで買い入れ

---

(15) アメリカ議会調査局（CRS）が大筋合意後に作成した「The Trans-Pacific Partnership（TPP）: In Brief」（2015年11月19日版）を参照した（5頁）。
(16) 田代洋一「TPP『大筋合意』をどうみるか」『文化連情報』2015年12月号、11頁。

て、いくらでエサ処理しているかはわからない（公表していない）。しかし、相当の差損があるはずである。結果的に年間の買い入れ量が増えるため、この差損は膨らむだろう。実は、コメの特別輸入枠は、そうした話が出てきた時点で（2015年1月）、財政当局とも調整済みであると言われている[17]。政府にとっては規定路線であったのかもしれないが、最終的には国民負担である。この点、政府には説明責任がある。もしも財政負担を抑えるために、国産米の価格を押さえ込もうと画策しているのであれば、言語道断である。

次に、小麦については、報道レベルでは2015年7月末に突如として出てきた「マークアップの45％削減」の衝撃が、今なお尾を引いていると言わざるを得ない。

WTOで約束しているマークアップの上限はkg当たり45.2円であるが、実効水準はそれよりもかなり低い。政府が公表していないのでわからないが、各紙が報道しているように、現状は17円程度であろう。そして、2015年12月24日に公表された「影響試算」（TPP協定の経済効果分析）の付属資料によれば、マークアップの総額は894億円である（2014年度）。これを財源にして、小麦の経営所得安定対策が実施されている。

政府は「45％削減」としか説明していないが、先程来の附属書を見ると、すでにマークアップの水準は約束済みである（政府仮訳214頁の（hhh）項）。1年目は16.2円、9年目は9.4円まで削減し、以降はこの水準が継続する。17円が9.4円になるなら、ちょうど45％削減となり、これも辻褄が合う。しかし、数字も含めて約束済みであるなら、それも説明すべきである。政府に対する不信感が募った。

しかし、そもそも、内麦と外麦のバランスをとって、国内助成と保管経費をまかなうためにマークアップの水準を弾力的に設定していたのではなかったか。それを削減し、固定化してしまえば、政策の裁量がきかなくなるであろう。

---

(17) NHK・NEWSWEBのサイト掲載「今だから明かす　TPP交渉の舞台裏（2）」2015年10月29日。

削減される7.6円を60kg当たりに換算すると、約460円である。60kg当たり3,000円程度（2016年産・きたほなみ）で落札されている小麦にとって、決して小さな金額ではない。農水省・影響分析も「マークアップの削減に伴い、輸入麦の価格の下落が国産小麦の販売価格に影響を及ぼすことも懸念される」としていた。対して、政府大綱に書き込まれたのは「経営所得安定対策を着実に実施する」という一文のみである。財源の裏づけを欠落しており、今のままでは額面通りに受け取るわけにはいかない。先の付属資料によれば、「45％削減」によりマークアップは実に402億円減収するのである。

言うまでもなくコメとムギは、我が国の主要食糧である。それを「財源不足」と「価格下落圧力」のダブルパンチにさらして良いのか。まずは国民に信を問うべきである。

（２）砂糖

大筋合意に先立ち、牛肉・豚肉やコメ、さらには小麦について「数字入り」の報道が行われてきたが、砂糖については大筋合意までわからないままであった。政府の１次公表資料で強調されたのは、①高糖度粗糖について「関税を無税とし、調整金を少額削減」、②加糖調製品について「品目ごとにTPP枠を設定」（当初6.2万トン→9.6万トン）というものであり、これはその通りだろう。しかし、いささか解説を要する。

まず、我が国が精製糖の原料として輸入している粗糖は、糖度が98.5度未満のものが一般的であり、これを「一般粗糖」と称する。これに対して、従来の「高糖度粗糖」は98.5度以上99.5度未満のものを指す。99.5度以上になれば、それは製品としての「精製糖」である。国境措置は、一般粗糖が「無税（枠内）＋調整金40.5円」（kg当たり、以下同じ）、高糖度粗糖が「関税21.5円＋調整金42.4円」、精製糖が「関税21.5円＋調整金57.4円」である（調整金は政府資料掲載の現行水準）。精製糖はもちろんのこと、高糖度粗糖も輸入抑制的な国境措置である。

これに対して、①の譲歩内容は、従来の高糖度粗糖を２区分して、98.5度

以上99.3度未満のものを「無税＋調整金39.0円」とし、99.3度以上99.5度未満は従来通りの扱いとする、というものである。便宜的に、前者を業界の呼び名にならって「ハイポール」と称しておく。明らかに、ハイポールの輸入促進策である。

　実は、先行する日豪EPAでも同様の譲歩が行われていた。しかし、この時はハイポールの調整金の水準を、一般粗糖よりも高く設定していた。2014年4月の大筋合意時点の資料に掲載されている数字を引いておけば、一般粗糖の調整金は35.2円、ハイポールは36.1円である。TPP大筋合意では、両者の調整金水準の上下関係を逆転させていることに特徴がある。そして、この両者の関係は固定的である。この点も政府は十分に説明していないが、附属書を見る限り、ハイポールの調整金を一般粗糖の「1.5円安」とすることが明記されている（政府仮訳185頁の（b）項）。豪州にしてみれば、日豪EPAプラスの譲歩を獲得したことになる。

　先の政府資料では、ハイポールでの譲歩を「要望のあった」と前置きしている。それを行ったのは豪州と精製糖業界自身だろう。農林水産省「農林水産物　品目別参考資料」（2015年11月、以下「参考資料」）によれば、日本の粗糖輸入は、タイ、豪州、南アフリカの順に多く、2013年はこの3国で95％を占める（21頁）。トップのタイのシェアは51％、続く豪州は34％である。仮にTPPが発効すれば、豪州産が大きくシェアを伸ばす可能性がある。精製糖業にとっては、ハイポールは調整金負担も軽減され、歩留まりも向上するので、当然そうなるだろう。その結果、いわゆる「貿易転換効果」が働くことになる。このことは、農水省「影響分析」でも言及され、「タイ産の粗糖の一部がTPP参加国産の高糖度原料糖に代替される可能性」が示唆された。この場合、TPP参加国とは豪州をおいて他にない。

　北海道農協中央会は、輸入粗糖の全量が豪州産のハイポールに置き換わるとすれば、調整金収入は約20億円の減収になると試算していた[18]。砂糖の

---

(18) 日本農業新聞（北海道版）2015年11月3日付け報道による。

調整金収支は、農畜産業振興機構（ALIC）の砂糖勘定として示されるが、直近の2015年度第2四半期でも107億円の累積赤字を抱えている。調整金収支にとって、減収は鬼門だろう。

　もうひとつの問題が、加糖調製品である。重要5品目に区分されてきた砂糖のライン数は81であるが、関税分類上、本体の17類に区分されているのは31ラインであり、残りは調製品と見て良い。加糖調製品の輸入量は、農水省・ALICによって従来からマークされてきたが、過去10年間で40万トンから50万トンに増加している（農水省「参考資料」、23頁）。

　TPP大筋合意の約束内容では、加糖調製品の品目ごとに関税割当（TPP枠）を設定している。代表的なココア調製品をとってみると、ココア粉（加糖）は初年目：5,000トン→6年目：7,500トン、ココア調製品（2kg超、板・棒状等以外）は初年目：12,000トン→6年目：18,600トンの輸入枠を設定し、枠内関税も11年目までに4～5割削減する。ALICが公表している加糖調製品の輸入実績と照らし合わせてみると、この2品目に該当するラインの輸入量は14年で9万トン強であるが、TPP参加国に限れば5万4,000トン程度である。国別では、シンガポールがそのうち8割弱を占めている。TPPの優遇枠は、現状の輸入量の半分弱をカバーすることになるだろう。

　農水省「影響分析」は「安価な加糖調製品の流入により、糖価調整制度の安定運営に支障が生ずることも懸念される」としていた。続く「影響試算」では、さらに踏み込んで「制度対象外の加糖調製品等への関税割当の設定等により、これらの輸入が増加」としている。すなわち、加糖調製品の輸入増加にマーケットが奪われ、価格下落圧力としても作用する、という懸念が示されている。

　この問題に敏感に反応しているのが、精製糖業界である。業界が負担している調整金は総額で500億円程度とみられるが（農水省「参考資料」、21頁）、マーケットが奪われたうえに、国内産糖（ビート・さとうきび）の保護財源

---

(19)農林水産省「農林水産物　品目別参考資料」（2015年11月）、23頁。

を捻出するための負担増には耐え難い、ということであろう。そして、TPP対策大綱では、加糖調製品から新たに調整金を徴収することが明記された。仮にTPPの批准手続が進められるならば、これに合わせて糖価調整法の改正が行われることになるだろう。過去には異性化糖を調整金の対象に取り込んだことがあり（1982年）、手法としては目新しいものではないのかもしれないが、今回は場当たり的な対応と言わざるを得ない。本当に必要であるなら、TPPとは無関係に取り組んでおくべきことだったからである。

（3）畜産物

　TPPで最も大きな影響を受けるのは畜産物である。そのことを、いくつかの証拠をもって示そう。

　第1に、先述したように、関税撤廃率の高さである。牛肉（51ライン）の関税撤廃率は73％、豚肉（49ライン）が67％と突出して高い。乳製品（188ライン）は16％に留まるものの、もともとのライン数が多いため、関税撤廃は31ラインにのぼる。これは牛肉の37、豚肉の33と比べてもひけを取らない。

　第2に、「影響分析」を見ても、畜産物が最も影響を受ける品目として位置づけられていることである。この「影響分析」は農林水産物40品目を対象としており、「特段の影響は見込み難い」「影響は限定的」「輸入の増大は見込み難い」などに多くの品目を分類していた。ところが、畜産物だけは違う。影響分析の「総括表」によれば、「当面、輸入の急増は見込み難いが、長期的には、関税引下げの影響の懸念」としたのである。

　ここで言う「関税引下げ」とは、牛肉が現行の38.5％から9％に（16年目）、豚肉の従量税が現行の482円（kg当）から50円に（10年目）、という大幅引き下げであり、これは事実上の関税撤廃に等しい。なぜなら、先の影響試算自体が「関税率10％以上の品目」を対象にしており、牛肉の「9％」という水準は「あって無きがごとし」と政府自身が言っているようなものである。さらに、豚肉は低級部位と高級部位を混載した「コンビネーション輸入」が行われているが、もしそれが続くのだとすれば「分岐点価格」（枝肉393円、

部分肉524円、いずれもkg当）での関税はゼロになる。TPPでは、従価税（4.3％）を10年目に撤廃することになっているからである。

そして、乳製品では脱脂粉乳と競合するホエイ（タンパク質濃縮ホエイ＝WPC34）が21年目、先述したチーズ（ゴーダ・チェダー）が16年目に関税撤廃される。

牛肉・豚肉は段階的な関税削減であるが、関税が有効に機能するのは、牛肉では20％台を維持する10年目、豚肉では125円が維持される4年目までと見た方が良いのではないか。また、プロセスチーズ原料用のナチュラルチーズでは、現行の「抱合せ無税」（国産品：輸入品＝1：2.5）を維持している。ただし、原料用チーズの主力であるチェダー・ゴーダの関税は段階的に引き下げられていくため、どこかの時点で「抱合せ」は意味を失うだろう。関税がゼロになるのは16年目だが、早ければ「6年程度」で機能しなくなるという見方もある[20]。

農水省の「影響分析」はこの問題をそれなりに正確に認識している。牛肉については「米国・豪州等からの輸入牛肉と競合する乳用種を中心に国内産牛肉全体の価格の下落」を、豚肉については「低価格部位の一部がコンビネーションによらず輸入される可能性が否定できず、国内産豚肉の価格の下落」を、乳製品については「競合する国内産の脱脂粉乳・チーズの価格下落等が生じることにより、加工原料乳の乳価の下落」を、それぞれ懸念事項として挙げている。いささか歯切れが悪いが、関税撤廃・削減の影響が畜産物にはストレートに現れる、と言っているのである。

長くなったが第3に、政府の「影響試算」の限りでも畜産物の影響額がかなりの割合を占めることである。TPPの影響試算はこれで3度目となるが、今回も農産物19品目を対象としている。ただし、今回は「幅のある」試算をしており「上限値」（影響が小さい）と「下限値」（影響が大きい）の2通りの試算が畜産物では行われている。「上限値」では価格の低下率を半分に割

---

[20] 日本農業新聞2015年12月11日付け、論説「揺らぐ国産チーズ　酪農、乳業とも影響必至」参照。

表2-7 政府試算による影響額

		影響額 (億円)	価格低下の要因	価格低下率 (%)
米		0	—	—
小麦		62	○マークアップの引き下げ	15.9
砂糖		52	①調整金削減 ②加糖調製品の関税割当	3.5
でん粉		12	○関税削減	12.9
牛肉	（競合するもの）	625	○関税削減	17.0
	（競合しないもの）			8.5
豚肉	（競合するもの）	332	①関税削減	7.3
	（競合しないもの）		②従量税による輸入	3.6
乳製品	チーズ（原料用）	291	○関税撤廃	56.6
	チーズ（原料用以外）		○関税削減	13.2
	バター・脱粉		○関税撤廃（ホエイ）	9.9
	生クリーム		○関税撤廃（ホエイ）	5.1
農産物計（19品目）		1,516	—	—

資料：「農林水産物の生産額への影響について」（影響試算付属資料）
注：肉・豚肉・乳製品及び農産物計は「下限値」を採用。

り引いているが、ここでは「下限値」を用いる。

　政府の影響試算結果を整理すると**表2-7**のように示される。試算の諸元に用いられている数値から価格低下率を算出すると、牛肉の「競合するもの」（＝乳用種）で17％、豚肉の「競合するもの」（＝低価格部位）で7％であり、乳製品は「原料用チーズ」が実に57％、原料用以外のチーズが13％、バター・脱脂粉乳が10％、生クリームでも5％である。これら畜産3品の影響額は約1,248億円であり、農産物全体（1,516億円）の82％を占めている。被害が畜産に集中する格好である。

　第4に、関税の削減・撤廃が、国内対策の財源である関税収入の減少に直結していることである。先の付属資料によれば、TPP11ヶ国からの農産品の関税収入は現状で2,570億円である（関税以外のマークアップや調整金は含まない）。そのうち、牛肉関税が1,210億円、豚肉が120億円、乳製品が240億円であり、この畜産3品だけでも全体の61％を占めている。そして、最終的に失われる関税収入は、それぞれ680億円、110億円、110億円である。これだけでも900億円にのぼるが、特に牛肉関税収入の喪失は「巨額」と言っ

ても過言ではない。

　平成28年度の当初予算では、肉用子牛生産者補給金が203億円、肉用牛繁殖経営支援事業が169億円、牛マルキン（肉用牛肥育経営安定特別対策事業）が869億円、豚マルキン（養豚経営安定対策事業）が100億円という予算を組んでいる（所要額を含む）。牛・豚だけでも1,341億円である。これに加工原料乳補給金の306億円が加わる。牛・豚の対策では、牛肉関税が主要な財源となっているはずである。その半分以上をTPPで失えば、財源確保はどうなるのか。政府は「大綱」で「既存の農林水産予算に支障を来さないよう政府全体で責任を持って毎年の予算編成過程で確保するものとする」としているが、それを信じるしかないのか。

　このように財源が失われる反面、対策は充実させる方向である。政府試算の限りでも畜産への影響は大きいため、当然そうなるだろう。牛・豚マルキンでは、補填率を現行の8割から9割に引き上げる。さらに、豚マルキンでは積立金の国庫負担水準を、現行の生産者：国＝1:1から、牛マルキンと同じ1:3に引き上げる。乳製品では、生クリームを補給金の対象に追加する（単価も一本化）。牛肉・乳製品は「北海道対策」という意味合いが強いのかもしれない。

　ただし、これだけで価格下落分をすべてカバー出来るかと言えば、そうではない。牛・豚マルキンでは生産者の拠出もあるため、0.75×0.9＝67.5％の補填にしかならない。残る32.5％分はどうするのかと言えば、それは「体質強化」によるコスト削減で吸収するしかない、ということになるだろう。試算の諸元によれば、牛肉の国産品価格（枝肉卸売価格、部分肉換算値）はkg当883円、「競合するもの」は150円下落するため、32.5％分は約49円、国産品価格の5.5％にあたる。つまり、5％以上のコスト削減が必要である。しかし、肥育素牛価格が過去最高値を更新し続けている現状で、そのようなことが果たしてできるのか。また、乳製品でも、2017年度から一本化される補給金の単価がどのような考え方で算定され、どの程度の水準に設定されるかにかかっている。不確定要素がまだまだ多いと言わなければならない。

TPP協定は2月4日に署名式が行われ、はじめて「成立」した段階にある。政府は「対策ありき」でTPPが国内農業の「再生産」に与える影響をゼロと見積もり[21]、今国会での批准を急いでいるが、まずは国会論戦を通じてTPPの検証を深めることが先決であり[22]、「国会決議との整合性」も鋭く問われるべきである。

(付記)

本稿脱稿後に、TPP協定の品目分類はHS2012をベースとしたものに更新されたが、本稿の整理は大筋合意時のHS2007をベースとした公表資料等に基づいている。

---

[21] 鈴木宣弘「本末転倒のTPP試算」日本農業新聞2016年1月26日付け。
[22] 共同通信社が2016年1月末に実施した世論調査(回答者数：1,007人、電話調査)によれば、TPPの承認案・関連法案について「今国会にこだわらず慎重に審議するべきだ」とする回答が69.2％に上った。自民党支持層でも64.8％、公明党支持層でも74.8％であり、今や「慎重審議」は国民世論と言える(北海道新聞2015年2月1日付け)。

第 **3** 章

TPPと森林・林業
——脅かされる地方自治体による地域産材の振興——

佐藤　宣子

1．はじめに

　本章の目的は、TPP（環太平洋経済連携協定）が森林・林業分野にもたらす影響について論じることである。

　まず前提として指摘しておきたいのは、わが国の林産物は、農産物に比べると、既に市場開放度が高いという点である。それは林業が農業に比べて国際競争力が高いからではない。比較劣位産業であるにもかかわらず、戦後の歴史の中で市場開放が内外から迫られた結果である。アジアモンスーンという気候条件（育林段階での下刈りやツル切り作業の必要性）や土地条件（林地の多くが傾斜であることや地質の複雑さ）、零細な所有構造などの影響で、樹木を育てる過程（育林）、そして伐採して山地から搬出する過程（伐出）でもコストが高い[1]。

　そうした条件が厳しい中にあって、「木材は山からではなく海から来る」と言われるほど、木材市場は輸入木材に席巻され、木材自給率は2002年には18.2％まで低下した。しかし、その後、国内需要量の減少という影響があるものの、素材生産も増加することによって2014年には30％近くまで回復した

（1）各国の造林・育林費を算出したものとして、島本美保子「世界の造林・育林費」『林業経済』第594号、1998年、1〜10ページ、また森林生態学的な特徴から日本林業の特質を明らかにしたものとして、藤森隆郎『森林生態学—持続可能な管理の基礎—』全国林業改良普及協会、2006年、363ページがある。

ところである。その背景には、輸出国側の環境保護政策の進展の他、国内の林業振興策、林産業での技術革新など様々な要因が考えられる。

したがって、TPPが締結された場合の林業への影響を考えるために、まず、戦後の森林・林業の歴史と低関税率の下でとられた政策の特徴を踏まえ、近年の木材需給変化の特徴を把握する（第2節）。その上で、市場アクセス分野における林産物に関する「大筋合意」内容と日本への影響を、協定参加12カ国の森林資源と木材貿易の現状を踏まえ検討する（第3節）。さらに、TPPの眼目ともいえる非関税障壁の撤廃問題が森林・林業分野に与える影響について、既往の事例から考察する（第4節）。既往の事例とは、NAFTA（北米自由貿易協定）での木材関連の訴訟事例、ワシントン大学附属の林産物貿易研究センターでの研究動向、木材利用ポイント制度を巡る都道府県レベルへのアメリカ針葉樹協議会からの要望書送付についてである。TPPは協議されている24分野のうち関税などの市場アクセスは3分野であり、残りの21分野は非関税障壁に関する事項である。林産物は既に低関税であるため、関税撤廃を前提とするTPPが林業に与える影響は少ないと安易に考えるべきではなく、非関税障壁撤廃の要求とISDS条項による輸出国優位の協定がもたらす影響を想定する必要がある。

2．木材需給構造の変化と林業振興策の特徴

（1）高度経済成長期における木材不足と丸太関税の撤廃

日本の輸入木材（以下、外材という）が低関税になった経緯をみるには、戦後の占領時代まで遡る必要がある。

戦後復興のためには木材は不可欠であったが、戦争によって森林は荒廃し、国内林業は需要拡大に応えることができなかった。そこで、1938年に途絶えていた木材貿易は、1948年に貿易公団による政府管理貿易によって再開、50年には民間貿易が許可された。ただし、民間貿易とはいえ、輸入に必要な外貨を輸入申請書に割り当てる「外貨資金割当制」によるものであった[2]。

表3-1　木材関税率の推移

品目名 引下げ期間等		自由化 完了時 1964年	ケネディ ラウンド 1968〜72年	東京 ラウンド 1980〜87年	MOSS合意 1987〜88年	UR合意 1995〜99年
丸太		0	0	0	0	0
製材	米マツ・米ツガ等	0	0	0	0	0
	マツ・モミ・トウヒ	10	10	10	8	4.8
合板	熱帯木材14種	20	20	17〜20	15〜20	8.5〜10
	その他熱帯木材	20	20	17〜20	10〜15	6
	その他広葉樹	20	20	17〜20	10〜15	6
	針葉樹	20	15	15	10〜15	6
集成材		20	20	20	15	6

資料：林野庁林政部木材利用課資料
(http://www.rinya.maff.go.jp/j/boutai/wto/con4_3.html<2011.12.20取得>)

　民間貿易再開の時期、つまり占領末期の1951年5月に、GHQは丸太輸入を無税化した。それは、荒廃した日本の森林資源を維持・回復することによる東アジアの木材基地化と米国産材の将来的な輸出先確保の両面あったことが指摘されている[3]。

　高度経済成長期に入ると木材需要が急増、木材価格が高騰する。独立後、日本は国内産業保護のために保護関税の道を模索していたが、木材については1954年に丸太のみではなく、スギと競合する米ツガ製材品が無税化された。その背景には、米材業界と日本の輸入商社の主張、さらに物価上昇を上回る木材価格高騰の中で、木材輸入の増加を求める国内世論があった。貿易方法も、1956年以降、徐々に自動承認制へ移行し、1964年に外貨割当制が完全に廃止された。1964年は木材の貿易自由化完了の年とされる所以である。この段階で、丸太および米ツガ、米マツの製材品の輸入関税は0、その他の製材品は10%、合板と集成材の林産物の加工品は20%とされ、農産物に比べると

---

(2) 香田徹也編著『日本近代林政年表　増補版　1867-2009』日本林業調査会、2011年。
(3) 占領下におけるGHQの森林・林業面での対日政策は、萩野俊雄『日本国際林業関係論』日本林業調査会、2003年、32〜38ページに詳しい。

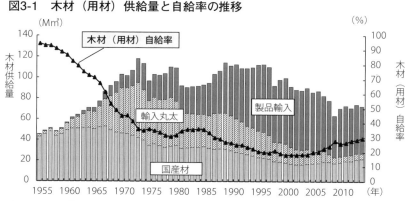

図3-1 木材（用材）供給量と自給率の推移

資料：林野庁「木材需給表」各年版より作成。

低く抑えられたのである（**表3-1**）。

図3-1は木材（用材）[4]の供給構造の変化を示している。復興需要に加えて都市の人口膨張の中で、新設住宅着工数の増加を背景に1960年代に木材需要が急増し、1973年に最高の190万戸を記録した。その後の低成長期に入っても、持ち家政策の推進とそれを可能とする住宅ローン制度が景気対策として大きな役割を果たし、2007年まで実に40年以上にわたって100万戸以上の住宅が建設された。また、高度経済成長は紙需要も増加させ、原料であるパルプ・チップの需要も急増した。

市場が拡大しても、森林資源がなければ次の年に増産できるものではなく、生産期間が長いのが育成林業の宿命である。国産材供給の増加（主に国有林の大伐採）だけではまかないきれず、丸太の安定的な輸入確保と国内資源の造成が1960〜70年代の林政の中心課題であった。

用材自給率の推移を見ると、1960年の86.7％から1969年には49.0％へと急減し、わずか9年足らずで国内の木材需要は外材に席巻されることになった。総合商社が東南アジアやアメリカから丸太を調達・輸入し、日本は世界1の

---

(4) 用材（または産業用材）とは、木材需要全体から薪炭材とシイタケ原木を引いたものをいう。

木材輸入大国となった⁽⁵⁾。1966年には、日本の輸入産品の中で、金額ベースで、木材は鉄鉱石を抜いて原油につぐ品目となったのである。

輸入急増に対して、関税率を上げるという政策の選択肢もあったわけであるが、丸太と製材品の一部までを関税ゼロとしてしまった段階で再度関税化するには国内の林業者の声はあまりにも弱かった。国内の木材産地は、例えば無節の床柱などの外材と競合しない役物需要に販路を求めた。

こうした状況にあって、戦後の林政は、関税による国境措置という政策手段を欠いたまま、国内林業の振興と森林環境の保全を図らねばならないという状況に置かれた。1970年代までは、拡大造林とその後の保育が主要な課題とされた。そのための重要な政策手段が植林とその後の下刈り費用の一部を補助する造林補助金制度であった。造林事業は治山事業および林道事業と並んで、林野公共事業の一つとされ、森林整備の政策手段として今日まで続いている。造林補助金の受け皿として位置づけられたのが森林所有者の協同組合である森林組合であった。森林組合は、森林所有者への補助金の分配を担うと共に、所有者が自ら施業できない場合には、施業を受託し、直接生産過程を担うことが期待された。

（2）1980年代以降の更なる自由化と間伐問題

1980年代になると、戦後に造林された多くの人工林で間伐施業が必要となった。間伐は林内の光環境を調整し、形状のよい樹木を育てるために必要であるとともに、林床の植物を豊かにし、土砂の流出を抑止するなど森林の水土保全のために重要な施業である。間伐材が供給できるようになり、1980年代前半には自給率が若干高まる傾向が見られたが、80年代後半以降、木材価格が下落し、国内に資源はあるにもかかわらず、伐採されず利用されないという事態に陥った。世界的には森林のオーバーユースによる森林減少・劣化が危惧される中、日本では逆にアンダーユース問題が発生した。木材輸入国

（5）安藤嘉友『木材市場論―戦後日本における木材問題の展開―』日本林業調査会、1992年。

故の問題である。

特に、1985年のプラザ合意以降、円高が急伸し、低関税率の林業を直撃した。追い打ちをかけるように、日米構造協議（MOSS協議）と1990年代のウルグアイラウンド交渉では、林産物の関税が更に引き下げられた。製材品は4.8％、熱帯木材14種は10％、それ以外の合板と集成材は6％とされた。木材価格は1980年をピークに2000年代まで長期にわたり下落していく。

同時に、プラザ合意以降の円高は丸太輸入を減少させ、製品輸入の比率を高めることになった（**図3-1**）。90年代になると、更に丸太輸入の減少と製品輸入の増加が見られるが、その背景には地球環境サミット以降、各国で環境対策が進展したことも大きく影響していた。熱帯諸国での丸太輸出禁止、アメリカでの環境保護運動による連邦有林や州有林での天然林（オールドグロス）の伐採規制などである[6]。一方、製品輸入国として台頭したのは、2×4工法の住宅様式とともに製品輸出を強めたカナダ、日本の軸組工法住宅仕様の製品を供給し、製材工場の規模拡大で競争力を高めたヨーロッパ諸国（北欧、ドイツ等）であった。輸入丸太の入手が困難になる中で、ロシアと人工林資源国であるニュージーランドやチリが丸太輸入国として重要となり、日本の合板工業はこの間、南洋材から北洋材（ロシア材）に原料基盤を移行した。

一方、国内の木材需要にも大きな変化があった。民間住宅では和室数が減り、木造住宅であっても、構造材が見える真壁工法から壁をクロスで覆う大壁工法へと変化した。更に、バブル崩壊は高価格の役物需要を減退させ、阪神淡路大震災以降は耐震性能が高い住宅作りのために、木材に木目や色という美観的なものではなく、乾燥や強度など、工業製品としての性能を要求するようになった。エンジニアードウッドと言われる集成材（断面寸法の小さい木材を接着剤で再構成して加工したもの）利用の拡大、そして建築段階でのプレカット加工化が進行する。

（6）村嶌由直・荒谷明日児編著『世界の木材貿易構造─〈環境の世紀〉へグローバル化する木材市場─』2000年、日本林業調査会を参照。

以上のような木材の需給変化の中で、80年代後半以降、供給できる国内の森林資源はあるにもかかわらず、外材製品に席巻され木材自給率は2002年に18.2％という過去最低まで落ち込んだ。1980年段階の価格を100とすると、スギの木材価格（中丸太）は、2010年段階で44.4％、森林所有者の手取りとなるスギの山元立木価格は34.3％まで下落した。

　価格下落は、間伐等の適切な手入れが実施されない森林を増大させ、80年代以降、間伐の推進が森林整備事業の柱とされる。造林補助金の要件を間伐にも適用できるようにし、1981年には間伐促進総合対策が開始された。1990年代になると流域林業政策が導入され、木材の産地形成を林業構造改善事業によって図った。2001年に森林・林業基本法と森林法を改正し、森林所有者だけではなく、長期に施業を受託した森林組合や民間の事業体が森林施業計画を作成して計画的な施業を実施すれば、間伐補助金を割り増しする制度が導入された。

（3）資源の成熟化と需要拡大政策—2000年代以降の自給率回復の局面—

　2002年に18.2％という過去最低まで落ち込んでいた木材自給率が、2010年には26.0％、2014年には29.6％まで回復している。自給率は国内の消費と生産の関係であり、需要量が減少する中での自給率の回復という側面もある。しかし、前掲図3-1に示すように、国内生産量も徐々に回復している。

　自給率の向上には、戦後に植林した人工林が利用可能となってきたことに加え、①国際的な木材需給の構造変化と環境政策、②国内の大規模木材産業が輸入木材よりも相対的に安くなった国産材を原料基盤に求めるようになったこと[7]、③国と地方自治体による木材流通対策や様々な消費拡大策の展開の三点を指摘できる。それら全てについて詳述する紙幅はないので、次節以降のTPPの「大筋合意」との関連で重要な点を述べておきたい。

（7）山田茂樹「第4章　1990年代以降のわが国林業構造の変貌」（餅田治之・遠藤日雄編著『林業構造問題研究』日本林業調査会、2015年所収）103～118ページに詳しい。

①については、中国やインドなどの木材輸入量が増大し、森林資源と産業の保護のために天然林伐採と丸太輸出禁止をする国が増えていることが木材輸入、特に丸太での輸入を困難にしていることである。そのため、80年代よりも更に、木材輸入に占める製品輸入比率が高まっており、国内の木材産業は海外製品と競争しつつ、原料の丸太は国内に求めるしかない状況になっている。2013年の木材需給表によると、国産材を原料として国内生産しているのが28.6％、輸入丸太の国内生産が8.1％、製品輸入（丸太換算）が63.3％である。

その典型が、合板工業である。1980年代までは東南アジアから丸太を大量に輸入し、世界最大の合板生産を誇っていたが、前述のように熱帯林保護のために丸太輸出が禁止となり、合板工場は主に北洋材（ロシア材）に原料を切り替えていた。2000年の合板需要の国産材比率はわずか1.0％であった。2000年代になると中国のロシア材輸入が急増して競合し、2007年に、ロシアは輸出関税の引き上げを決定したのである。そうした中で、2014年には合板総需要のうち国産材比率は30.0％まで上昇している[8]。

合板工場が国産材利用を拡大している背景には、丸太輸入の不安定化に加え、合板材料として使いにくかったスギを利用可能とする技術開発を進めたこと、新流通・加工システム政策（2004～2006年）という木材流通対策が加工技術の向上を後押ししたことが挙げられる[9]。

合板の原料として国産材が利用できるようになったことは、B材といわれる小曲がり材[10]の用途を拓いたこと、また木材価格の下支えという点にお

---

(8)「新春座談会　合板はどこに向かう」『木材情報』296号、2016年1月号、1～20ページ。
(9)林野庁『平成26年度　森林・林業白書』(http://www.rinya.maff.go.jp/j/kikaku/hakusyo/26hakusyo/zenbun.html) 36ページ。「新春座談会　合板はどこに向かう」『木材情報』296号、2016年1月号、1～20ページ。
(10)建築用製材品の材料に適する直材をA材に対して、合板用途として利用される小曲の材をB材という。また、ボードや紙の原料となる木材をC材、エネルギー利用材をD材と称されている。

いても、わが国の林業振興に大きな役割があった。最新の白書によると、合板の総需要に対する国産材使用・国内生産は前述のように30％、外材丸太使用・国内生産が10％、残りの60％分は合板製品での輸入であり、最大の輸入元はTPP参加国であるマレーシアである[11]。

合板に加え、2011年以降の再生可能エネルギーの固定買い取り制度導入による木質バイオマス発電所の稼働によって、長らく途絶えていたエネルギーとしての木材利用（D材）が拡大している。木材の利用用途が広がったといえるが、曲がった低質材の需要だけが増加することに対することで、需要構造を歪め、A材（建築用製材向けの直材）の供給過多による価格下落が懸念されている。

こうした中で、この間、政策的に重視されているのは、次の２点である。第１に、大規模生産（「施業の集約化」と高性能林業機械化）と大規模流通（製材工場への乾燥機導入等）による素材生産・流通・加工段階での低コスト化と木材産業への木材の安定供給体制づくりである。そのために、計画的な搬出間伐と主伐を実施する森林経営計画の作成者に限定し、生産量に応じた造林補助金制度（森林保全・環境保全直接支払制度という名称に変更）など、2012年度に大幅な制度変更がなされた[12]。第２に、建築用材（A材）の需要を喚起するための施策導入である。2010年10月には、「公共建築物等における木材の利用の促進に関する法律」が施行され、木造比率が低かった公共建築物について、低層階のものは原則木造化することが法制化された。それを具体化するために、都道府県レベルに「森林整備加速化・林業再生基金」の設置（2011年）、その基金を活用した都道府県独自の「地域材」利用促進

---

(11) 前掲９の白書、35ページ。
(12) こうした施策による大規模生産・大規模流通が荒い施業を招くとともに、森林計画制度による造林補助金の「選択と集中」は小規模林業の展開を排除するという点は問題である。そうした中で、森林を持続的に利用し、環境保全的で地域振興を目指す「自伐」林業運動が広がっていることとその意義については、佐藤宣子・興梠克久・家中茂編著『林業新時代―「自伐」がひらく農林家の未来―』農山漁村文化協会、2014年を参照にされたい。

政策を後押しした。さらに、2012年には、民間需要の喚起のために、新築やリフォーム時に「地域材」の利用量に応じた消費者還元型の木材利用ポイント制度が導入された。

　自治体レベルではこの間、域内（県産材や市域産材等）の木材を利用した公共建築物の建設、民間住宅の新築やリフォームに対する定額の補助や地域の木材製品を現物支給（大黒柱であったり1棟につき柱何本等）する制度などが広がっている。例えば佐賀県では、新築一戸建てで構造材の材積6割以上が県産材の場合、最高で50万円/棟の支援が得られる[13]。

3．林産物のTPP「大筋合意」の内容と楽観論

（1）日本の林産物に関する「大筋合意」の内容

　さて、TPP「大筋合意」の林産物関税に関する内容についてである[14]。

　前掲表3-1で示した最高10％の林産物の輸入関税は「大筋合意」では全て撤廃されることになった。詳細は表3-2に示しているように、全ての品目が即時に撤廃ではなく、参加国と品目によって関税撤廃の時期とセーフガード導入の有無が異なる。同表は、2011〜2013年の3年間の平均輸入量を記載し、ゴシック部分がセーフガード付きであることを示している。

　セーフガード措置の導入は林産物として世界初であり[15]、マレーシア、カナダ、ニュージーランド、チリ、ベトナムの5カ国との間で合板と製材、それらの代替・競合品であるOSB（オリエンテッド・ストランド・ボード）、SPF製材（Spruce（トウヒ）、Pine（マツ）、Fir（モミ）3種の製材品で主

---

[13] 佐賀県木材協会HP（http://www.sagamokukyo.jp/）〈2016年1月20日取得〉
[14] 農林水産省「TPP交渉農林水産分野の大筋合意の概要（追加資料）」2015年10月による。
[15] 林野庁「TPP大筋合意（林産物）の概要について」2015年11月（http://www.rinya.maff.go.jp/j/rinsei/singikai/pdf/15102621.pdf）〈2016年1月10日取得〉

表3-2 TPP交渉における主な林産物の合意内容

(単位：m³、千kg、%)

品目概要	単位	関税率	2011年~2013年の品目毎の3ヶ月平均輸入量								TPP国計	世界計	TPP参加国からの輸入比率(%)
			マレーシア	カナダ	NZ	チリ	ベトナム	米国	豪州	その他			
熱帯木材合板(その他)	m³	6.0	770,121	-	-	-	7,616	41	-	59	777,837	1,351,237	57.6%
広葉樹合板	m³	6.0	616,393	194	-	-	41,502	92	-	-	658,181	1,155,461	57.0%
熱帯木材合板(14種)	m³	8.5~10.0	151,166	-	-	-	40	1	-	-	151,207	368,600	41.0%
針葉樹合板	m³	6.0	223	23,748	50,208	7,401	2,565	2,837	-	-	86,982	154,145	56.4%
OSB	m³	5.0~6.0	-	206,518	0	-	-	462	-	-	206,980	263,578	78.5%
パーティクルボード	m³	6.0	13,035	181	61,442	-	113	24	1,380	-	76,174	84,693	89.9%
SPF製材	m³	4.8	6	1,502,676	55,559	300,059	209	9,686	101	-	1,868,296	5,397,478	34.6%
造作用LVL	m³	6.0	20,234	664	5,999	-	1,231	488	-	-	28,616	478,090	6.0%
造作用集成材	m³	6.0	5,405	286	33	275	6,425	20	-	-	12,445	96,386	12.9%
ブロックボード等	m³	6.0	28,203	-	-	-	80	-	-	-	28,282	103,751	27.3%
フリー板	m³	2.9	9,267	53	38	1,566	19,733	23	15	-	30,696	320,764	9.6%
さねはぎ加工	m³	5.0	6,664	13,813	258	443	1,133	64	36	11	22,423	91,723	24.4%
MDF	千kg	2.6	119,373	7	208,176	4,731	213	100	8,913	-	341,514	377,599	90.4%
その他建築用木工品	千kg	3.9	72	2,669	33,003	-	553	5,895	2	-	42,193	272,185	15.5%
その他木製品	千kg	2.9	2,460	315	4	13	4,411	149	1,508	10	8,869	124,275	7.1%

凡例

ゴシック：発効時50％削減、15年目まで横ばいで推移し、16年目で撤廃。セーフガード付き。
ゴシック：15年間均等引き下げ、16年目で撤廃。セーフガード付き。
ゴシック：発効時50％削減、10年目まで横ばいで推移し、11年目で撤廃。セーフガード付き。
白文字（白色イタリック）：10年間均等引き下げ、11年目で撤廃。
即時撤廃。

資料：農林水産省『TPP交渉 農林水産分野の大筋合意の概要（追加資料）』2015年10月、15頁に加筆。

にツーバイフォー工法建築や梱包材に使用される)、集成材が対象となっている。セーフガード措置は、輸入量が定められた一定数量を超えた場合に自動的に発動され、当初の木材関税が課せられるというものである。

関税撤廃までの期間が最も長いのは、16年である。マレーシアの合板各種、カナダの針葉樹合板とOSB、SPF製材等、ニュージーランドの針葉樹合板ではTPP発効時に関税を50％削減し、15年目まで横ばい、16年目に撤廃という内容である。たとえば、マレーシアからの輸入合板に関するセーフガードの発動数量は発効時1,044千m^3、その後毎年20.9千m^3増、16年目以降は毎年31.3千m^3を加えた量となっている。また、カナダとの間では、TPPが発効した場合には、二国間林業委員会を創設してセーフガードの必要性やカナダからの丸太輸出規制の緩和に関して協議することが合意された。

一方、表3-2をみて気づくのはアメリカからの林産物輸入については、セーフガードは設定されておらず、即時撤廃もしくは10年間関税の均等引き下げ11年目で撤廃となっている点である。アメリカは、TPP参加国のうち日本への林産物輸入（金額ベース）がカナダ、マレーシアに次いで、多いのであるが、前節で述べたように、1964年の段階で丸太および米マツ、米スギの輸入関税はゼロとなっており、現行関税が適用されている林産物輸入がもともと少ないという実態にある。林産物はアメリカとの間ではTPP前から関税事項は既に決着済みという状況だといえる。

（2）TPP参加国の林産物交渉結果と環境分野での交渉

日本以外のTPP参加国の林産物関税の交渉結果（合板）は表3-3に示している。カナダ、オーストラリア、チリ、ベトナム、ブルネイは全てで即時撤廃、アメリカ、ペルー、ニュージーランドが一部林産物で5〜11年目に撤廃、35％と最も高い関税があるマレーシアが6年目、メキシコが5〜10年目に撤廃となっている。日本は輸入実績の多い林産物において16年間という他国にはない長期の撤廃期間、かつセーフガード付きであり、相対的に有利な条件となっていることがわかる。それをもって、「『よく勝ち取れた』との安堵

表3-3 日本以外の国のTPP林産物交渉結果（合板の関税）

国名	米国	カナダ	豪州	メキシコ	マレーシア
現行	無税～8%	無税～9.5%	無税～5% ［無税］	10～15% ［無税～15%］	35% ［無税］
↓	↓	↓	↓	↓	↓
交渉結果	即時 又は5年目撤廃	即時撤廃	即時撤廃	5～10年目撤廃	6年目撤廃
シンガポール	チリ	ペルー	ニュージーランド	ベトナム	ブルネイ
	6% ［無税～6%］	9% ［5.7%］	5%	7% ［3.6%］	20% ［無税］
（無税）	↓	↓	↓	↓	↓
	即時撤廃	即時 又は11年目撤廃	即時 又は7年目撤廃	即時撤廃	即時撤廃

注：1）「現行」はTPP交渉のベースとなった2010年1月1日時点の税率。
　　2）［　］内はEPA税率。
出典：『林政ニュース』No.520(2016年1月13日付)、4ページの表から抜粋。

感」[16]が関係者の間に広がっているとされる。

　また、木材貿易のあり方は森林環境に影響をもたらすため、TPP交渉では、環境分野（第20章）でも協議され、「違法伐採木材に関し、各国における行政措置の強化や各国間の協力に関する規律」について合意がなされた。木材の合法性の確認と違法伐採材は輸入しないという意味であり、日本にとっては違法伐採による不当にディスカウントされた材の流入を防ぐ効果があると考えられる。ただし、違法伐採材かどうかを判別するために、トレーサビリティ制度の導入や国際的な森林認証制度が違法伐採対策に求められた際には、森林認証比率が低位な日本の国産材にもその欧米基準への対応が迫られるといった可能性もある。

（3）国内林業への影響試算と楽観論

　TPP参加11カ国から日本への林産物輸入額は2013年段階で5,543億円であり、総輸入額の45.6％を占めている[17]。12カ国の内訳は、カナダ（25％）、

---
(16)『林政ニュース』第519号、2015年10月21日付け、7ページ。
(17)林野庁「TPP大筋合意（林産物）の概要について」（元資料は貿易統計）2015年10月。

マレーシア（22％）、アメリカ（18％）、チリ（10％）、オーストラリア（９％）、ベトナム（９％）、ニュージーランド（７％）、その他（２％）という構成である。

　林野庁は2011年に林産物関税の即時撤廃を想定した場合として、国内生産量の5.7％、生産額にして490億円の減少という試算結果を公表していた[18]。「大筋合意」内容を受けた後の政府試算（2015年12月24日）では林産物の生産額が219億円減少と縮小されている[19]。この数字は、関税分の価格が下落しても、国内対策によって生産コストが低減、採算性の確保と国内生産量が維持された場合というシナリオの下での試算であり、国内生産量が縮小すると影響は膨らむことが予想される。

　また、長期の関税撤廃期間とセーフガード措置が設定されるとはいえ、輸入量が多い林産物では初年度に関税率が半分（合板では６％が３％へ）になるのであり、木材自給率向上の動き、特に近年、生産増をはかっている合板工業に対する打撃は少なくないとされている[20]。

　ただし、先にみたように、他国よりも有利な条件を「勝ち取り」、木材産業の体質強化をはかる国内対策が実施されれば影響は回避できる、さらには、林産物の協議があまりにも成功したのでTPP対策費が農業対策優先になるのではないか、という「悩ましさ」まで指摘されるありさまである[21]。そして、戦後に植林した人工林が伐採可能になる中で、「攻め」の林政としてTPP参加国であるベトナムへの木材輸出に期待を寄せ、TPP歓迎ムードも漂っている。しかし、それは楽観的すぎるのではないか。

---

(18) 農林水産省「包括的経済連携に関する資料」（2011年10月27日）http://www.maff.go.jp/j/kokusai/renkei/fta_kanren/pdf/rinsui_hinmoku.pdf〈2012年１月20日取得〉
(19) 試算の詳細は、「農林水産物の生産額への影響について（別紙）」（2015年12月24日）23ページ。(http://www.cas.go.jp/jp/tpp/kouka/pdf/151224/151224_tpp_keizaikoukabunnseki03.pdf)〈2016年１月10日取得〉
(20) 前掲（8）の対談集など。
(21) 「林政ニュース」第520号、2015年11月４日。

(4) 参加国の林産物貿易の実態とアメリカの林産物輸出増加

ここで、参加12カ国の林産物貿易の実態を見ておきたい。**表3-4**はFAO統計の林産物の輸出額と輸入額を森林面積が大きな国順に並べている。本統計による林産物は、丸太、製材品、合板、ボード類の他、紙用パルプ・チップ（古紙など二次的なものも含む）、エネルギー利用のための薪やチップも含んでいる。

これをみると、①アメリカが輸出額、輸入額ともに12カ国で最大であること、②カナダ、チリ、ニュージーランドが輸出国であり、③マレーシアは輸入（丸太）もしつつ、輸出国であること、④日本とメキシコが100億米ドルを超える輸入超過であり、ベトナム、オーストラリア、ペルーも輸入国となっている。12カ国の合計では、輸出額の方が多く、輸出額計から輸入額計を差し引くと732億米ドルとなる。

表3-4　TPP参加国の森林面積と林産物貿易額（2014年）

国名	森林面積 （千ha）	輸出額 （百万US$）	輸入額 （百万US$）	輸出額-輸入額
カナダ	347,162	112,276	24,662	87,613
アメリカ	309,545	134,939	114,294	20,645
オーストラリア	124,135	8,214	11,429	-3,216
ペルー	74,308	507	4,499	-3,992
メキシコ	66,223	2,477	27,161	-24,684
日本	24,961	14,469	47,823	-33,355
マレーシア	22,167	14,052	10,772	3,280
チリ	17,133	25,705	3,877	21,828
ベトナム	14,515	5,510	15,463	-9,953
ニュージーランド	10,152	17,676	2,946	14,730
ブルネイ	380	14	76	-62
シンガポール	16	9,868	9,459	409
12ヶ国計	1,010,697	345,707	272,462	73,245

資料：FAO「Forestry Production and Trade」（FAO STAT）および同「Global Forest Resources Assesment 2015」より作成。
注：1）輸出額、輸入額はFAO統計で林産物とカウントされている全ての品目の合計値で、2014年の貿易額である。
　　2）掲載国は森林面積が多い順番に並べている。

図3-2　アメリカの林産物輸出入額の推移

資料：FAO「Forestry Production and Trade」(FAO STAT)より作成。
注：林産物に計上されている全ての品目の貿易額を足した額である。

　前節でアメリカは、日本での木材輸入国の中で、1990年代以降、地位を低下させていることを述べた。その背景には、クリントン政権時代に希少生物（マダラフクロウ）の保護のための伐採規制がなされるという環境対策に加え、国内の住宅需要が旺盛だったことも影響している。図3-2にアメリカの林産物貿易の推移を示しているように、90年代後半〜2000年代は輸出額よりも輸入額の方が多かった。それが、リーマンショックによる住宅着工数の激減が貿易構造を大きく変貌させた。輸入額は激減し、2010年代になると輸出額が輸入を上回るようになっている。

　資源的にみても、アメリカでも人工林の蓄積量が増加している。一方で、今日までリーマンショック後の木材価格下落が回復しておらず、木材産業は輸出促進を掲げている。さらに、近年、アメリカでは、REITs（Real Estate Investment Trusts）やTIMOs（Timberland Investment Management Organizations）といった年金基金の投資信託が木材産業の産業備林であった大規模社有林を買収し、投資家への利益還元を優先させる森林経営を行うこ

とが広まっており、そのことも海外市場の確保を指向する背景にあると考えられる[22]。アメリカ農務省森林局が協賛して開催されたワークショップの報告書をみると[23]、木材の輸出戦略の必要性、東アジア地域（中国、韓国、日本）への木質エネルギー原料を含む林産物の輸出市場開拓の可能性と重要性が指摘されている。

　TPPが発効した場合の影響は、参加国最大の林産物貿易国であるアメリカの動向抜きには検証できないのであるが、日米の市場アクセス分野は決着済みというのが林産物の実態である。

4．懸念される森林・林業分野での非関税障壁撤廃の圧力

(1) NAFTA（北米自由貿易協定）での訴追事例

　周知のように、TPP協定では市場アクセスよりも多くの章が非関税障壁の章である。

　戦後の森林・林業政策は関税・価格政策ではなく、造林補助金制度と木材流通対策、加えて、近年では地方自治体による地域材利用の促進政策を打ち出している。そのため、TPPが発効されれば、政府調達における内国内待遇の問題が今後の我が国の森林・林業政策に大きな影響をもたらす可能性がある。

　そのことを証左するには、既に発効しているNAFTA（北米自由貿易協定）や米韓FTAを参考することが有効である。ISDS条項による訴訟事例を調べたところ、実際にNAFTAにおいて林業関連事項がアメリカの林産企業「Pore

---

(22) 餅田治之「育林投資の新段階―TIMOおよびREITの現状とその世界史的意義について―」（遠藤日雄・餅田治之編著『林業構造問題研究』日本林業調査会、2015年所収）81～98ページ。

(23) Michael Goergen他『The State and Future of U.S. Forestry and the Forest Industry』（Washington, DC）Workshop Report and Recommendation, 2013年（http://www.usendowment.org/images/Forest_Sector_Report_--_FINAL_9.5.13.pdf）〈2015年1月20日取得〉

& Tablot」社がカナダ政府を提訴した事案があった。カナダ政府が実施していた一定量以上の木材を輸入する企業に対して課金をする制度に対して訴えたもので、訴訟された7項目のうち1項目であるNAFTA1105条の「公正にして衡平な待遇」(Minimum Standard of Treatment)に抵触すると裁定され、約46万米ドルが企業に支払われた[24]。このように一企業が輸出先政府を訴えた事例が森林・林業分野でも存在するのである。

(2) アメリカで日本の自治体林業施策研究が開始

また、前述のようにアメリカの林産企業は国内資源の増加と需要減の中で、木材輸出圧力を強めているが、輸出推進のための研究がワシントン大学附属の研究機関である林産物貿易研究センター(CINTRAFOR：Center for International Trade in Forest Products)で開始されている。同センターは、環境保全と林産物貿易に関して研究しており、政府のシンクタンクとしての役割を担っている。これまでの日米の林産物交渉時も政策提言等をおこなっている研究機関である。同研究所のニュースレター2011年秋号において、編集長ノートとして日本研究を強化するとの記事が掲載された[25]。その内容は、日本が自給率向上を掲げて「森林・林業再生プラン」を作成し、また地方自治体レベルで地域材の利用促進政策が展開されていること、それらの政策がアメリカの林産業界の競争環境にどのような影響をもたらしているのかという研究を開始するという内容であった。

(3) 木材利用ポイント制度で既に始まっている自治体政策への干渉

さらに、研究されているというだけではなく、CINTRAFORでの研究成

---

[24] アメリカ合衆国国務省内HP (http://www.state.gov/s/l/c3747.htm〈2011年1月23日取得〉)
[25] Center for International Trade in Forest Products: CINTRAFOR NEWS, Autumn 2011 (http://www.cintrafor.org/publications/newsletter/C4news2011autumn.pdf〈2011年12月20日取得〉)

果が、木材利用ポイント事業の運用過程において具体的に活かされた場面があったことを指摘しておきたい。木材利用ポイントとは、2．で紹介したとおり、木材需要拡大として消費者の購買意欲を高めるために、2012年の補正予算で導入された事業である。「地域材の適切な利用を確保し、農山漁村地域の振興に資すること」を事業目的として、指定された工法で特定樹種を利用した木造住宅建設や内装の木質化工事をした場合に、消費者にポイントを発効し、地場の木材製品や農産物などと交換できる仕組みである。消費者還元型の事業として注目された。この「地域材」規定をめぐる問題が国際問題に発展したのである。

　同制度でいう「地域材」は、あらかじめ国で定めた樹種の中から都道府県段階に設置された協議会で樹種と工法を選定、次の3要件のいずれかによって合法性や産地が証明される必要があった。要件とは、①都道府県により産地が証明された木材、②民間の第三者機関により認証された森林からの産出木材（認証材）、③林野庁のガイドラインに基づき合法性が証明された木材である。そして、当初国では、スギ、ヒノキ、カラマツ等の国産材8種を指定していた。これに対してアメリカや他の輸出国からWTO違反ではないかとの指摘があり、林野庁は2013年12月に米国産ベイマツ、2014年3月にオーストリア産オウシュウトウヒ、5月にスウェーデン産のオウシュウトウヒとオウシュウアカマツ、ニュージーランド産のラジアータパインを指定可能樹種とした。具体的な選定判断は都道府県の協議会に委ねられた。

　そして、米国産ベイマツが認められた直後の2014年1月に「対象工法の指定に係る推薦のお願い」とする文書がアメリカ針葉樹協議会から各都道府県の協議会宛てに送付された[26]。

　その文書によると、「貴協議会から、『米国産ベイマツ』を『木造軸組工法』、『枠組壁工法』、及び『丸太組構法』に木材ポイントの付与対象地域材として追加の推薦」を依頼するものであった。更に、CINTRAFOR、ワシントン

---

(26) 筆者は、A県の協議会メンバーからその文書を提供いただいた。

大学森林科学環境学部木材製品国際貿易研究室が作成した「A県にてベイマツを（中略）追加した際の経済波及効果」が添付されていた。そこにはA県の木造住宅着工数、工法別新築着工数、同床面積、同工事費、職別雇用者数が国交省・住宅着工統計等で把握され、直接的な経済効果と副次的な経済効果に言及された資料も添付されていた。

こうした林野庁での指定可能樹種の追加と都道府県協議会への「圧力」の中で、2014年12月段階で、外材5種すべてを「地域材」指定した都道府県数は5，ベイマツと欧州材指定が15、ベイマツのみ追加が20、国産材のみで外材を指定しなかったのは5県（九州4県と島根県）であった[27]。

外材を「地域材」として指定した結果、木材利用ポイントが国産材と外材にどう配分されたのかについては不明である（本来、新たなタイプの施策効果を評価する必要があると思われるが、総ポイント数だけしか公表されていない）。しかし、WTO違反と輸出国から指摘されて、地方自治体までが「農山漁村地域の振興に資する」目的の事業に外材を指定する状況において、TPPが発効された場合、ISDS条項をちらつかせるまでもなく、地域の独自施策が萎縮してしまうことが危惧されるのである。

5．おわりに

以上みてきたように、歴史的に低関税に据え置かれた日本の林産物はTPPの「大筋合意」によって、他国よりも長い関税撤廃期間とセーフガード措置が設定された。市場アクセスでの合意事項だけを見て、すでに木材は低関税であり、国内対策さえ行われれば影響は少ないと楽観論が林業界を覆っている。

しかし、TPPが発効されると、市場を歪めると輸出国側の企業が判断すれ

---

[27] 大石真梨子「木材利用ポイント事業の波及効果と課題」（2015年）（2014年度九州大学提出の卒業論文）。

ば、輸入国の企業と同等の条件を求めて、相手国の企業や政府・自治体を
ISDS条項に基づいて訴えることができるのであり、第6章でその条項の破
壊力は明らかにされる。提訴とはいかなくとも、アメリカとの2国間協議で
厳しい条件を突きつけてくることは十分考えられる。木材利用ポイント事業
を巡るアメリカ針葉樹協議会からの自治体レベルへの要望書の提出に見たよ
うに、公共建築物への国産材使用の指定や民間住宅への補助金等利用推進政
策に関与する準備はすでに整っているとみるべきである。日本側の譲歩も推
して知るべしといった状況である。

　森林は国や地域の基層をなす公共財である。国土の7割を占め、多様性に
富む「緑の列島」をTPP参加で輸出国に晒してよいのか。非関税障壁問題を
も含めて、森林・林業への影響を再考すべきであろう。

　(謝辞) 本章執筆に際し、三木敦朗氏 (信州大学農学部) から貴重なコメ
ントをいただいた。記して御礼を申し上げる。また、本章は科学研究費補助
金 (基盤 (B) JAK5292090「東アジアにおける木材自給率向上政策の展開
と山村への社会経済的影響」代表:佐藤宣子) の研究成果の一部である。

第4章
TPPと食の安全

山浦　康明

1．はじめに

　食の安全を確保するには、食料の安定供給がまず保障されていなければならない。この点については「TPPと農業問題」として農産物の関税問題が論じられてきた。この問題は「食料自給率」の大幅な下落、農村社会の崩壊となって現れてくる。食料を他国にゆだねてしまうことは国民の食生活を他国の農地に依存することを意味する。今後懸念される地球温暖化による食料の逼迫、国際紛争による食料輸入の途絶など、多くのリスクが襲ってくることが考えられる。また、農業生産において使われる農薬・化学肥料、食品生産において用いられる食品添加物の安全基準は輸出国の基準を尊重せざるをえない。国内基準と開きがあっても輸入国として受け入れざるを得ない場面も出てくる、などの懸念がある。

　さらにこのTPP協定は第7章8章などにおいて加盟国の国内基準の策定についても新たなルールを盛り込んでおり、現在の食の安全基準、食品表示ルールなどに影響を与えかねない。本章ではこの点を検討する。

　以下の囲みのなかは、分析結果の要約、関連条文等を示している。

2．食の安全基準はどうなる

> 　日本など輸入各国は独自の安全基準に基づいて検疫を実施し、国民の安全を確保してきた。しかし、輸入国が予防原則に基づき、安全性確保のために執る措置はこの協定で排除される可能性が高い。

【SPS委員会を新たに設置】

まずTPP協定で12カ国によるSPS委員会が設立され、それに大きな権限が与えられる制度が始まることは、日本が国内対策を独自に策定することを牽制しかねない。

第7章「衛生植物検疫（SPS）措置」（**図4-1参照**）では、12の締約国が実施する衛生植物検疫措置は「貿易に対して不当な障害にならないようにする」ことを最大の狙いと位置づけている。このために「透明性を確保する」というキーワードが重視されている。これはWTOのSPS協定では情報提供を中心に手続が規定されていたもの[1]を内容的に詳細に記述し、各国の主権をも超える各種の制度を規定している。

TPP協定第7章第13条第1項では「締約国は、自国の衛生植物検疫措置に関する情報を継続的に共有すること並びに提案された衛生植物検疫措置について利害関係者及び他の締約国に対して意見を述べる機会を与えることの価値を認める」として事業者が意見を積極的に提案できる制度を掲げている。

同条第3項では、新たな検疫措置を他国に通報した国は利害関係者及び他国が意見を提出する期間60日を保証しなければならず、それらの意見に回答することを義務づけられる。

また、同条6項では国際的な基準以上のものを提案する国は客観的で科学的な証拠を提供しなければならない、と規定する。

【リスクアナリシスの重視】

TPP加盟国間ではSPS委員会により、また各国は規制当局、コンタクトポ

（1）WTO/SPS第7条に「透明性」として情報提供義務を規定し、「加盟国は附属書Bの規定に従い、自国の衛生植物検疫措置の変更を通報するものとし、また、自国の衛生植物検疫措置についての情報を提供する。」として協定附属書で手続きについて規定している。そこでは、主に、厳しい規制を採用する国がその内容を他の国に知らせる手続が記載されている。

図4-1　WTOの衛生植物検疫（SPS）措置

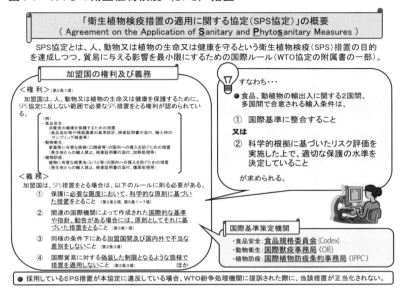

資料：農水省「SPSの概要」

イントを設けて、リスク分析（アナリシス）手法により、関係者の意見を聞いてそれぞれの措置を行うこと、SPS上の措置に関する紛争解決のために、第28章の「紛争解決ルール」に基づき政府間協議が行われることなどが盛り込まれている（第7章第18条1項（b））。

このリスクアナリシスとは、もともとは第1次世界大戦後のドイツの経営学理論（インフレに対する企業防衛の観点）、アメリカの軍用規格や工業製品の事故の発生予防や保険会社の経営戦略として使われてきた。その後、原子力発電所の建設に際して、事故の可能性や人口密集地にあるか過疎地にあるかで異なる被害の規模などを数値化して、安全性の評価を出すために利用されるようになった。それを食品の安全性を確保するための理論として科学者が取り上げるようになり、コーデックス委員会においても1990年代から用

いられ始めた。

　リスクアナリシスは、3つの要素から成り立つ。リスクアセスメント（評価）、リスクマネジメント（管理）、その両者におけるリスクコミュニケーションの実施である。

　リスクアセスメントは、リスクの評価を行う手続である。食品や飲料中の添加物、汚染物質、毒素または病原性生物・微生物などに起因する、ヒトに悪影響を及ぼす要因の定量的ないし、定性的評価を行うことを意味する。遺伝子組み換え食品など人工的な新規食品においても、まずヒトへの危険性を評価することになる。

　ただし、このとき気をつけなければならない点がある。それは、リスクアセスメントには、私たちの身の回りにあるさまざまなものごとを同一平面で共通の因子として量的にとらえ、それをリスクの高低という物差しで測り、許容限度を提案するという発想が潜んでいるということだ。つまり、遺伝子組み換え食品の有害性やBSEの危険性を交通事故死の確率と対置させ、社会的な許容度を提案することになりかねない。また実際に食品安全委員会がリスク評価を行う場合、試験データや論文の収集それらの評価作業が中心で、自ら対照実験や追試験を行うことはない。消費者が重視する科学者の試験データを公平に取り上げているかについて消費者側からの不満も出ていた（BSE問題や遺伝子組み換え食品問題など）。

　次にリスクマネジメントは、リスク管理者がすべての関係者と協議しながら、リスクの許容限度、実効性、コストなどを考慮して適切な措置を選択するプロセスだ。これを担当するのは厚生労働省、農林水産省、消費者庁などである。この過程では、消費者の保護、公正な取引を進める因子などを検討する[2]。しかし食品の場合、そのリスクは生身の消費者に及び、販売や貿

---

[2] コーデックス委員会などでは、ALARA（As Low as Reasonably Achievable）＝アララの原則という、食品中の汚染物質を、「無理なく到達可能な範囲でできるだけ低くすべき」という考え方などが用いられている。いわばコストベネフィット論の食品版である。

易による利益は企業にもたらされるというように、リスクの主体が異なるのに同一平面で検討するという不合理がある。環境影響の視点も軽視されてしまう。

リスクコミュニケーションは、評価機関、行政機関、事業者団体、消費者団体など関係者がお互いに情報を交換し、リスク評価においてもリスク管理においても、社会的合意を確立することをめざしている。しかし、日本においてBSE問題をきっかけに2003年に設置された食品安全委員会、2009年に設置された消費者庁、消費者委員会の活動などを振り返ってみると、このリスクコミュニケーションは双方向での議論とは名ばかりで、行政からの一方的な説明会に終わっている。消費者の意見が政策に反映することはほとんどなかった。

このリスクアナリシスの理念は十分に活かされているとはいえない。TPP協定においてリスクアナリシスを重視するという時、グローバル企業に都合のよいルールが大手をふることになるのではないかと危惧せざるをえない。

【WTOのSPS協定との比較】

そもそも、WTOのSPS協定では自国の安全基準が、「国際貿易に対する偽装した制限とならないように」として、「措置の調和（Harmonization）」「措置の同等（Equivalence）」を重視する。一方で自国の厳しい基準を暫定的に用いることも認めている。また開発途上国には例外措置を認めている。

これに対して、TPP協定では、「透明性の確保（Transparency）」というキーワードを重視し、そのために制度、手続きを細かく規定し、その中で事業者の関与の途も広く認めている。

WTOのSPS協定には付属書でSPS委員会の詳細な規定が設けられているが、TPPのSPS委員会の内容は明確ではなく、また審議事項の見直し規定（第7章第5条4項）などもすでに盛り込まれており不透明なものとなっている。

【国際機関の重視が持つ意味】

　コーデックス委員会、OIE（国際獣疫事務局）などの国際基準が重視されており、その結果、日本で安全基準が厳しいものは国際基準に従って緩められるが、日本より厳しい基準は軽視されるご都合主義がまかり通っている。例えば、ポストハーベスト農薬の承認の過程が米国の要請を受けて効率化されようとしている。BSEに関してはOIEの基準に従う形で、日本政府はこれまで特定危険部位に関わるとして禁止していた、牛由来のゼラチン、コラーゲンの輸入制限を緩和した。国際的に認められているからとして日本政府は、国際汎用食品添加物を積極的に承認するようになったのもその例である。

　他方、日本政府が厳しい国際基準を軽視する例として、アルミニウムを含有する食品添加物の規制をするコーデックス基準を無視して、ベーキングパウダーとしてアルミニウムを含む食品添加物を認める方向性が打ち出されたりしている。これは米国からの要求にも沿ったものでもある。遺伝子組み換え技術を使った食品添加物[3]が安全性の確認もなく市場化されている。また遺伝子組み換え微生物を用いた食品添加物も輸入されていたことが分かると政府はすぐにそれを安全だとした[4]。日本より厳しい国際基準をめぐっては消費者より事業者を重視する日本政府のご都合主義がまかり通っている。

（3）遺伝子組み換え（GM）作物を原料にした大豆の乳化剤レシチンやビタミンEなどがその一つ。また製造工程でGM技術を用いたビタミンCやイノシン酸などのアミノ酸もある。セルフクローニング（同じ種の中で遺伝子組み換えが行われたもの）などの技術で作られたものはGM食品添加物ではないとされ、2014年安全審査も不要とされた。

（4）2011年12月5日、厚生労働省は次の報道発表をして、その後政府はこれらの遺伝子組み換え微生物を利用した添加物を合法化した。すなわち「食品衛生法第11条第1項に基づく『組換えDNA技術応用食品及び添加物の安全性審査の手続』（平成12年厚生省告示第233号）第3条に定める安全性審査を経ていなかった遺伝子組換え微生物を利用した添加物『5'―イノシン酸二ナトリウム』と『5'―グアニル酸二ナトリウム』の安全性審査について、食品安全委員会に食品健康影響評価の諮問をしましたのでお知らせします。」、と。

第4章　TPPと食の安全（山浦　康明）　99

　リスク分析の考え方はTPPでは貿易紛争においても活用される。輸入国の輸入規制に関してリスクアナリシスの考え方が重視される。輸入国は輸入規制をする場合、厳密な科学的な証拠を提出しなければならず、挙証責任を負っている。遺伝子組み換え食品、ホルモン剤や過剰な動物医薬品使用をする米国産牛肉問題について、EUと米国でWTOの紛争となりEUが挙証責任を負い紛争で敗訴することとなったように、せっかくの輸入国の予防的措置が国際的に認められなくなる恐れがある。またこのような新たなルールが実施されると、自国の安全基準の策定に関して海外の事業者も注文をつけることができることにつながり国の主権も侵害されかねないのである。

【輸入禁止措置も制約される？】

　TPP協定第7章第7条では「地域的状況、ゾーニング、コンパートメント」などの概念を認めているが、病害虫、疾病を国境対策として行う輸入国の権限を制限し、安易に貿易優先の考え方を持ち込むことになる。病害虫など農畜産物のリスクが発生した場合でも、輸出国が地域的に封じ込めれば国全体としては輸出禁止措置をとらなくてもよいといった貿易禁止の例外を大幅に認める考え方も盛り込まれているが、これにより例えばBSE発生国からの輸入の全面的禁止措置は執れなくなる恐れがある。

【48時間ルールが原則になる？】

　物品の引き取りについて第5章「税関当局及び貿易円滑化」第10条では「48時間以内」とのルールを設けているが、これは検疫において安全性を軽視することになる。第5章第10条では「各締約国は、締約国間の貿易を円滑にするため、効率的な物品の引取りのための簡素化された税関手続を採用し、又は維持すること、また、自国の関税法の遵守を確保するために必要な期間内（可能な限り物品の到着後48時間以内）に引取りを許可すること等の手続を採用し、又は維持しなければならない（原文はshallを使用）」と規定されているが、輸入手続きの迅速化という名目で輸入検査が拙速に行われてしまう

ことなど、各国の安全確保の実施方法が制限されることとなり、今でもわずかな抜き取り検査しか行われていない⁽⁵⁾にも拘わらずさらに安全性が軽視されかねない。

3．食品表示ルールはどうなる

> 第8章「貿易の技術的障害（TBT）措置」において、「透明性の確保」との表現で各国の食品表示基準の策定において海外の利害関係者が関与できる仕組みが導入される。またTBT委員会が新たに設置されるが、その性格、権能が不明であり、各国の情報交換のレベルを超えるとなると、国が制定する基準が侵害される恐れもある。

この第8章はWTOのTBT協定に基づいているがこのWTO/TBT協定（貿易の技術的障害にかかる措置協定）は以下のような特徴を持っている。

基本理念は、国際貿易において、工業製品等の規格や食品表示ルール、その規格の適合性を評価する手続きが、不要な貿易障害を起こさないようにすることである。その目的は、強制規格⁽⁶⁾、任意規格⁽⁷⁾や適合性評価手続⁽⁸⁾

---

(5) 小倉正行氏は「日本農業と国民生活を破壊するTPP『大筋合意』」『前衛』2015年12月号で「動植物検疫、食品検疫の対象貨物は輸入手続き所要時間が92.5時間に至っていること、および輸入食品の検疫所による食品検疫検査は、食品衛生監視員によって行われているが、その人数は、全国でわずか406人という水準で、現状では、輸入食品の検査率は8.8％（2004年）」と指摘している。
(6) 義務的な規格（technical regulations）：国際規格を基礎として強制規格を実施することを義務づける。
(7) 任意的な規格（standards）：企業が自主的に策定するルールで義務を伴わない。
(8) 適合性評価手続（conformity assessment procedures）：国際標準化機関が定めるガイドラインによって認定された海外の認定機関の認定結果を受け入れる義務を負うこと、加盟国間でこの認定を相互承認するよう協議することが推奨される。

の策定における透明性を確保し、また、国際規格や国際的ガイドを基礎とすることにより国際的な調和を進めることで、結果として、貿易障害としての基準・認証制度を可能な限り低減することとなっている。

またこのTBT協定の特徴は、加盟国に対して、強制規格、任意規格、適合性評価手続について、その運用に関しては内国民待遇[9]・最恵国待遇[10]を付与すること、制定については国際規格やガイドを基礎として制定すること、及び必要な公告手続きを行い、他の加盟国等の意見を受け付けること等を義務づけている。

また、強制規格及び適合性評価手続の結果については、他国のものが自国のものと異なる場合においても、それらが同等であると認められる場合において受入れることについて規定している。他方、発展途上国については、技術援助、例外措置を広範に許容している。

TBT協定の主なポイント

第2条

中央政府機関（Central Government Bodies）の強制規格（Technical Regulation）に関連する条項では、第2条4項において、国際規格を基礎として強制規格を実施することを義務づけ。

第4条

任意規格（Standards）の制定に関する条項では、第4条1項において、加盟国に対し、中央標準化機関（Central Standards Bodies）の規格制定等に関する適正実施規準（Code of Good Practice）の受入れ確保を義務づけ。

（9）内国民待遇（National Treatment）とは、自国民と同様の権利を相手国の国民や企業に対しても保障すること。
（10）最恵国待遇（Most favored nation treatment）とは、通商、関税、航海などをめぐる二国間取り決めに際し、当事国が他の第三国に対して与えているか、あるいは将来与える利益、待遇（低率の関税や船舶の入出港の自由など）のうち、より不利にならない待遇を相手国に与えること。

第5条

中央政府機関による適合性評価に関する条項では、第5条4項において、加盟国が行う強制規格及び任意規格に対する適合性評価手続について、国際標準化機関（International Standardizing Bodies）の定める指針（Guides）又は勧告（Recommendations）を基礎として用いることを義務づけ。

第6条

中央政府機関による適合性評価手続の結果の申入れ（Recognition）に関する条項では、第6条1項において、加盟国に対し、国際標準化機関の定める指針又は勧告に従い認定（Accreditation）等を受けた海外の認証機関（Conformity Assessment Bodies）については、十分な技術的能力があると認め、可能なときはその適合性評価手続の結果の受入れ確保を義務づけ。

また、加盟国間で、適合性評価手続の結果の相互承認（Mutual Recognition）交渉を行うことを奨励。

附属書3

任意規格の制定等に関する「適正実施規準」では、標準化機関が規格制定の際に満たすべき手続等を規定。

・ 貿易の障害となるような規格制定を回避。
・ 国際規格を基礎とした任意規格の制定。
・ 国際規格制定への積極的参画。
・ 規格制定に関する作業計画を少なくとも6か月に1回公表。
　また、ISO/IEC情報センターに作業計画の存在を通報。
・ 規格制定前には、少なくとも60日の意見受付期間を設置。

これに対してTPP第8章TBTでは、WTOのTBT協定をベースとして構成されているものの、貿易促進を強調し「グローバル化」を進めるものとなっている。

第8章2条の「目的」規定では、「この章の規定は、不必要な貿易の技術的障害を撤廃し、透明性を高め、規制に関する一層の協力及び規制に関する良い慣行を促進すること等により貿易を円滑にすることを目的にする」として「透明性の確保」「貿易の円滑化」を重視している。

第8章第4条では、WTOのTBT協定の多くの規定を組み込むことが明記されている。第7条「透明性」では、その第1項で「各締約国は、他の締約国の者に対し、自国の者に与える条件よりも不利でない条件で自国の中央政府機関による強制規格、任意規格及び適合性評価手続きに参加することを認めなければならない」としてグローバル企業の関与を認めている。

また、国際規格に適合的な措置であっても、貿易に著しい影響を与える場合はWTOに通報すること、WTO通報と同時に締約国に当該通報及び提案を電子的に通報することとしている（第7条13項）。

さらに「透明性」強化の観点から十分なリードタイムを確保するために強制規格及び適合性評価手続の導入の前に他の締約国及び利害関係者が60日前から意見を提出できること、強制規格及び適合性手続の要件の公表をしてから6ヶ月間の期間をおいてそれらを実施することとしている。（第8条）

TPP協定第8章では「相互承認」の詳しい規定も置かれている（第9条）。これはWTOのTBTによる他、さらに広く相互承認をする。強制規格についても適合性評価手続を相互承認することを含め、適合性評価手続を尊重することとなる。

第10条では規格について締約国は技術的討議を相手国に要請することができることを規定し、第11条では「貿易の技術的障害に関する小委員会」の項を立て、TPP加盟国間で新たにTBT小委員会を設置することを打ち出した。そこでは、作業グループを設け、国内のルールを設ける際に利害関係者が関与できること、新たな規定を実施する60日前までに、相手国の利害関係者が意見を述べる機会を与える、と明記している。

こうした制度ができると、例えば日本が強制規定、任意規定、適合性評価手続の導入などの様々なルールを策定しようとする際に、他の国（例えば米

国）の利害関係者を検討に参加させなければならなくなる。また、日本が新たな規定を実施する60日前までに相手国の利害関係者から意見を述べる機会を与えることなども盛り込まれているのである。今後日本が厳しい遺伝子組み換え食品の表示をしようとしても、米国の事業者から反対の意見が出て、それができなくなる恐れもある。また、TBT委員会や作業グループを設けTBTルールの設定や見直しなどを行うとされるが、この委員会には業界代表なども関与できるのであり、国の意思決定がゆがめられる恐れがある。

【日本の食品表示制度】

日本の食品表示制度については、加工食品原材料につき原料と添加物を分けて表示するルールを持つなど日本はコーデックスにはないルールを持っているが、原料原産地ルールにおいては、その対象品目や表示方法は韓国や米国より遅れており、目下政府内で検討がなされている対象範囲の拡大にも消極的であり、消費者の選択権より、事業者の利益を優先するものとなっている。日本政府としてもTPPによる輸入食品増加に対抗し、国産品の振興を図るため加工食品の原料原産地表示拡大をしようとしているが、食品業界が反対している。

4．食品安全行政がグローバル企業に有利な姿に

日本政府は、TPP協定の第7章SPSについて「SPS章は、科学的な原則に基づいて、加盟国に食品の安全（人の健康又は生命の保護）を確保するために必要な措置をとる権利を認めるWTO・SPS協定を踏まえた規定となっており、日本の制度変更が必要となる規定は設けられておらず、日本の食品の安全が脅かされるようなことはない。」[11]と述べる。また第8章TBTの規定について「TBT章では……中略……我が国が他の締約国による強制規格

---

(11)「環太平洋パートナーシップ（TPP）協定の概要」内閣府官房TPP政府対策本部　2015年10月5日　17頁。

等の策定に関する情報を確実に入手し、要望等を提出することが容易となり、我が国企業が他の締約国において活動する際の予見可能性が高まることが期待される。遺伝子組換え食品表示を含め、食品の表示要件に関する日本の制度の変更が必要となる規定は設けられていない。」[12]と説明する。

しかし、これまでみてきたように、TPP協定におけるSPSとTBTの章では、締約国（とくにアメリカ）とステークホルダーとしてのグローバル企業の関与が大幅に可能となっている。日本の食品安全委員会、消費者庁、消費者委員会の審議の様子をみてもリスクコミュニケーション、安全性評価、制度をめぐる審議において事業者の意見がこれまでも多く反映される傾向にあり、消費者代表の厳しい要求はなかなか受け入れられなかったことを考えると、新たな制度のもとで消費者の意見が反映される可能性は低く、むしろこれからはグローバル企業の声が反映しやすくなると考えられる。

それに加えてTPP協定第2章「内国民待遇及び市場アクセス」では第27条でことさら「モダンバイオテクノロジーによる生産物の貿易」を掲げ、遺伝子組み換え農産物の輸出国（米国など）の義務をあいまいにし、輸入国の権利を弱める制度が盛り込まれている。すなわち輸入時に遺伝子組み換え農産物の微量混入があった場合、輸出国と輸入国との間で協議の場を持つこと、農業貿易に関するTPPの小委員会のもとに遺伝子組み換え問題作業部会を設けて協議すること、はては遺伝子組み換え食品の未承認国に承認を促し違法とならないようにすると解釈できる条文（第27条8項）が規定されているのである。

また、食の安全、食品表示を考える時に重要な点は、日米の並行協議、日本の食品安全行政である。すでに米国の外国貿易障壁報告書（**ボックス1**）に沿う形で、国際汎用食品添加物を日本政府自らが承認を加速させている。フルジオキソニルなど殺虫剤をポストハーベスト農薬として高い濃度で使用することを認めたのも米国からの圧力による。日本のBSE国内対策を緩めた

---

[12]同上概要　17〜18頁。

ボックス1　外国貿易障壁報告書

2015年4月、USTR（米国通商代表部）は米国議会に次のように報告した。

（1）牛肉及び牛肉製品
現在、米国は、30か月齢未満の牛に由来する牛肉、牛内臓肉及びひき肉の輸出が可能となっている。30か月齢以上の全ての牛肉製品及び30か月齢未満の牛肉加工品については、輸出が禁止されたままになっている。米国は引き続き、日本がOIEガイドラインに従って、全ての月齢の製品を受け入れることを含め、市場を完全に開放するよう働きかけていく。

（2）食品添加物
米国やその他の市場で広く使用されている多くの添加物が日本では許可されていない。また、米国の製造業者は、消費される時点で食品中に残留していないような間接的な食品添加物についての日本の承認プロセスに時間が掛かることに懸念を表明した。
2002年に日本が承認プロセスを加速するとした46品目の食品添加物について、4品目を除き全てが承認された。米国は残り4品目に係る審査を完了するとともに、将来の全ての食品添加物の審査プロセスを迅速化するよう求めている。

のも米国の影響が大きいと考えられる。また、2015年4月のこの外国貿易障壁報告書で米国産牛肉の月例制限撤廃の要求が出されたが、2016年2月から日本の食品安全委員会においてBSE対策としての牛の検査対象月例を撤廃する方向で審議が行われている。

　米国からの要求による規制緩和を日本政府が合意したものが今回のTPPの日米合意である。そのタイトルは「保険等の非関税措置に関する日本国政府とアメリカ合衆国政府との間の書簡」[13]となっており、簡保生命、知的財産権、政府調達、急送便分野などと並んで、TBTに係る規格基準の制定手続、SPSに係るルールを日米間で合意したのである。

　SPS（衛生植物検疫）の第1項には「収穫後の防かび剤」としてポストハーベスト農薬の項を立て、そこでは「日本の厚生労働省は農薬と食品添加物

---

[13] TPP交渉参加国との間で作成する文書（暫定仮訳　平成28年1月7日）のうち「国際約束を構成しない（法的拘束力を有しない）文書」の中に⑨日米並行交渉に関する文書を掲げ、その中の「保険等の非関税措置に関する日本国政府とアメリカ合衆国政府との間の書簡」を日本政府は公表した。

としてポストハーベスト農薬を統一して承認し、効率化をはかること」を日本が承認した[14]。要するに二重チェックの一元化である。

　第２項では「食品添加物」の項を立て、国際汎用食品添加物の2002年のリストをあげて46の品目を早く承認することを約束した[15]。

　第３項では「ゼラチン/コラーゲン」の項を立て、日本政府がすでに米国牛由来のゼラチンとコラーゲンを食品安全委員会の安全性評価を行い厚生労働省が管理措置をとるから輸入規制を緩和した、とわざわざ言及している。

　このように日本の食品安全行政はTPP協議、日米二国間協議、日本の産業界などの影響により、消費者の権利を奪う流れが加速しているのである。

---

[14]「厚生労働省は、収穫前及び収穫後の両方に使用される防かび剤について、農薬及び食品添加物の承認のための統一された要請及び審議の過程を活用することにより、合理化された承認過程を実施する」と約束した。

[15]「日本国政府は、46品目の国際汎用添加物からなる2002年のリストのうちまだ指定されていない４品目全てについて、追加的な資料の収集に要する期間を除き、原則として概ね１年以内に食品添加物として認めることを完了することを決定した2012年７月10日付けの閣議決定を誠実に実施することを確認する」と約束した。

参考　日本政府の発表したTPP協定の概要（2015年11月5日）

下線は筆者が指摘した関連箇所

第7章　衛生植物検疫措置章

1．衛生植物検疫措置章の概要

人、動物又は植物の生命又は健康を保護しつつ、各締約国が実施する<u>衛生植物検疫措置が貿易に対する不当な障害をもたらすことのないようにすること</u>等を規定。また、締約国は、<u>WTO衛生植物検疫委員会の関連する指針並びに国際的な基準、指針及び勧告を考慮</u>することを規定。
更に、<u>地域的な状況に対応した調整</u>、<u>措置の同等</u>、<u>科学及び危険性の分析</u>、監査、輸入検査、証明、<u>透明性</u>、協力的な技術的協議等について規定。

2．主要条文の概要

○一般規定（第7.4条）
衛生植物検疫措置の適用に関する協定に基づく権利及び義務を確認すること等を規定。

○有害動植物又は病気の<u>無発生地域及び低発生地域その他の地域的な状況に対応した調整</u>（第7.7条）
締約国は、地域的な状況に対応した調整が貿易を円滑にする重要な方法であることを認めるとともに、地域的な状況の決定に当たり輸入締約国が行うこと等を規定。

○措置の同等（第7.8条）
締約国は、措置の同等の認定が貿易を促進する重要な手段であることを認識すること、輸入締約国は、輸出締約国の衛生植物検疫措置が当該輸入締約国の措置と同等の保護の水準を達成していること又は<u>輸出締約国の措置が当該輸入締約国の措置と同様に目的を達成する上で同等の効果を有することを客観的に証明する場合には、当該輸出締約国の当該措置を同等なものと認めること</u>等を規定。

○科学及び危険性の分析（第7.9条）
締約国は、衛生植物検疫措置の適用に関する協定の関連する規定に基づく権利及び義務を認めること、危険性の分析を行う場合に実施すること等を規定。

○監査（第7.10条）
輸入締約国は、輸入締約国の衛生植物検疫措置を輸出締約国が履行する能力を有するかどうかを判断するため、本条の規定に従うことを条件として、当該輸出締約国の権限のある当局及び関連の又は指定された検査制度を監査する権利を有すること等を規定。

○輸入検査（第7.11条）
各締約国は、自国の輸入プログラムが輸入に伴う危険性に基づくこと及び輸入検査が不当に遅延することなく行われることを確保すること、輸入検査の不利な結果に基づき他の締約国の物品の輸入を禁止する場合等に輸入者等の少なくとも一に当該結果を通報すること等を規定。

○証明（第7.12条）
締約国は、物品の貿易のために証明を求める場合には、当該証明の要件が、人、動物又は植物の生命又は健康を保護するために必要な限度においてのみ適用されることを確保すること等を規定。

○透明性（第7.13条）
締約国は、WTO衛生植物検疫委員会の関連する指針並びに国際的な基準、指針及び勧告を考慮すること、利害関係者及び他の締約国が当該締約国の提案された衛生植物検疫措置について書面による意見を提出するために当該締約国がWTOに通報を行った後通常少なくとも60日の期間を置くこと等を規定。

○緊急措置（第7.14条）
締約国は、人、動物又は植物の生命又は健康を保護するために必要な緊急措置を採用する場合には、他の締約国に対し当該措置を速やかに通報すること等を規定。

○協力的な技術的協議（第7．17条）
締約国は、他の締約国との間で本章の規定の下で生ずる事項であって自国の貿易に悪影響を及ぼすおそれがあると認めるものについて討議するため、協力的な技術的協議を開始することができること、一定の場合には第28章（紛争解決）の規定による紛争解決を求めることができること等を規定。

○紛争解決（第7・18条）
第28章（紛争解決）の規定の本章の規定についての適用に関して規定。

第8章　TBT（貿易の技術的障害）章
1．TBT章の概要
強制規格、任意規格及び適合性評価手続を作成する際に、これらが貿易の不必要な障害とならないようにするための手続やその透明性の確保等を規定。また、特定の分野については、当該分野毎のルールを定める附属書を設けている。

2．主要条文の概要
○適用範囲（第8章．3条）
本章の規定が締約国間の物品の貿易に影響を及ぼす可能性がある中央政府機関による強制規格、任意規格及び適合性評価手続の立案、制定及び適用について適用すること、各締約国は、中央政府の段階の直下の段階に属する地方政府機関が第8．5条、第8．6条及び第8．7条及び本章の各附属書の規定を遵守することを奨励するため、自己の権限の範囲内において妥当な措置をとること等を規定。

○貿易の技術的障害に関する協定の特定の規定の組込み（第8章．4条）
貿易の技術的障害に関する協定の規定のうち、本章に組み込まれ、この章の規定の一部を成す規定等について規定。

○国際規格、指針及び勧告（第8章．5条）
締約国は、国際規格、指針及び勧告が、貿易の不必要な障害を削減する上で重要な役割を果たし得ることを認めること、各締約国は、貿易の技

術的障害に関する協定第2条、第5条及び附属書3に規定する国際規格、指針又は勧告があるかどうかを判断するため、WTO貿易の技術的障害に関する委員会の決定を用いること等を規定。

○適合性評価（第8章．6条）
締約国は、他の締約国の領域内に存在する適合性評価機関に対し、自国の領域内又は他のいずれかの締約国の領域内に存在する適合性評価機関に与える待遇よりも不利でない待遇を与えること、当該締約国の領域において特定の強制規格又は任意規格について適合性を評価する機関の認定、認可、免許の交付又はその他の承認を行う場合において、他の締約国の領域において当該強制規格又は任意規格について適合性を評価する機関に対し、当該認定、認可、免許の交付又はその他の承認を行うことを拒否するときは、当該他の締約国の要請に応じ、その拒否の理由について説明すること、他の締約国の領域において行われた適合性評価手続の結果を受け入れないことを決定する場合には、当該他の締約国の要請に応じ、その決定の理由を説明すること等を規定。

○透明性（第8章．7条）
各締約国は、利害関係者に対し自国が作成することを提案する措置について意見を提出する適当な機会を与え、その作成において当該意見を考慮すること等により、他の締約国の者が中央政府機関による強制規格、任意規格及び適合性評価手続の作成に参加することを認めること、関連する国際規格等の技術的内容に適合する強制規格案又は適合性評価手続であっても、貿易に著しい影響を及ぼすおそれのあるものをWTOの加盟国に通報すること、他の締約国又は他の締約国の利害関係者が強制規格案又は適合性評価手続案に対する書面により意見を提出するため、それらの提案を他の締約国に送信する日から通常60日の期間を置くこと等を規定。

○強制規格及び適合性評価手続の遵守期間（第8章．8条）
貿易の技術的障害に関する協定2．12及び5．9の規定の適用上、強制規格及び適合性評価手続の要件の公表と実施との間の「適当な期間」は、通常6ヶ月以上の期間とすること等を規定。

○協力及び貿易円滑化（第8章．9条）
締約国は、適合性評価の結果を受け入れることを促進し、規制に関する一層の調和を支援し、及び地域における不必要な貿易の技術的障害を撤廃するための仕組みに関する交流及び協力を強化すること、他の締約国の要請に応じ、当該他の締約国の強制規格を同等なものとして受け入れなかった理由を説明すること等を規定。

○情報の交換及び技術的討議（第8章．10条）
締約国は、他の締約国に対し、本章の下で生じる事項に関する情報の提供を要請することができること、そのような事項を解するため他の締約国に対して技術的討議を要請することができ、その要請から60日以内に提起された事項について討議すること等を規定。

第5章
TPPと医療・医薬品

東　公敏

１．社会保障制度はTPPの対象外か

　政府はいたるところで、「社会保障制度はTPPの対象外なので影響を受けない」と説明している。「TPP協定の暫定仮訳」（2016年１月７日内閣官房TPP政府対策本部）によると、第11章（金融サービス）２条では、適用しないものとして、「公的年金計画又は社会保障に係る法律上の制度の一部を形成する活動又はサービス」となっている。確かに、交渉参加当初から懸念されていた混合診療や営利病院の解禁といった直接的な規定は「大筋合意」の中に存在しないようにみえる。

　しかし第10章（越境サービス貿易）では、原則全てのサービス分野を対象とした上で、適用されない措置や分野を附属書に列挙する方式（ネガティブ・リスト方式）をうたう。アメリカ、オーストラリア、ニュージーランド、シンガポールは営利病院を禁止していない。したがって日本が「営利病院を認めない」ことを協定に明記する、もしくは「将来留保」の対象にしない限り、自動的に自由化される危険性がある。とりわけ国家戦略特区での営利病院の解禁は大いに注意する必要がある。

　第９章（投資）にはISDS条項がある。この発動を回避するため、政策推進の萎縮効果が日本政府に生じる懸念もある。たとえば、先進医療を新たに公的保険収載したら民間医療保険から訴えられるとか、新薬の薬価を引き下げたら製薬企業の経営に影響するといったことに、政府が配慮せざるを得ないとしたら問題である。

政府は「社会事業サービス（保健、社会保障、社会保険等）について包括的な留保をしているので、変更を求められることはない。今後も維持することができる措置だ」として安心を強調する。が、これは"維持"であって将来に規制を強化できないことも意味する。現行法令に基づいた留保を行っている分野は、法令の現状維持義務（ラチェット条項）があるため、原則として将来的に規制を強化したり自由化の水準を低くすることはできない。しかもTPPは、発効後も継続的に再交渉や再協議が進められる「生きた協定」である。"安心"は当てにならない。TPP反対の運動として、混合診療や営利病院の解禁といった皆保険制度の解体に向かう将来的な危険性を語ることが重要である。

　ただ、それと同等にあるいはそれ以上に、協定に明記され確実な影響がある医薬品等の協定の問題性も、今急いで国民各層に広げなければならない。社会保障への影響懸念を"TPPおばけ"と言わせないためにも、「今そこにある危機は医薬品・医療機器価格規制の撤廃・緩和による価格の上昇」[1]であることを強調しなければならない。

　医薬品価格の高止まりは、やがて医療保険財政の悪化をもたらし、保険給付範囲の縮小や診療報酬の抑制、保険料の増額につながる。医療機関の経営も直撃する。本稿では医薬品問題を中心にTPPの医療への影響を見ていくこととしたい[2]。

2. なりふり構わぬ特許期間の延長要求─「知的財産」章をめぐって─

（1）医薬品特許に正当性はあるか

　医薬品は、特許出願→開発・臨床試験→申請→市販承認（保険収載）され

（1）二木立『TPPと医療の産業化』第1章、勁草書房、2012年。同『地域包括ケアと地域医療構想』第4章、勁草書房、2015年。
（2）医薬品全体の国内市場（国内生産額＋輸入額）は9兆2,713億円で、うち輸入は3兆773億円、33％を占める。輸入額の伸びは5年間で144.7％に及ぶ（2013年　厚生労働省統計）。

てやっと初めて販売となる。上市後も医師らに対し熾烈な売り込み活動が展開される。そもそも新薬の開発には長い期間と莫大な開発費用が必要となる。1剤あたり開発期間は10数年、コストは約18億ドルというデータもある[3]。この途上で開発断念となれば投資は水泡に帰す。「創薬はギャンブル」という言葉どおり、大変リスキーな産業といえる。ただ、その利益は研究開発経費を大きく上回る規模であり、製薬企業は十分に回収と蓄積を実現している。

さて製薬大企業としては、苦労して開発した医薬品を「物質特許」[4]という独特のシステムによって競争排他的な独占販売をものにしたい。特許は政府の公的機関に承認させることがまず必要であるが、そもそも不透明な部分が多い。政治家、官僚、専門研究者との癒着や、時にはデータねつ造等の事件もしばしば起きている。また、政府公認で特許期間・独占販売期間を引き伸ばし、後発医薬品の参入を阻止していかに儲け続けるかが至上命題となる。TPP交渉で新薬データ保護期間をめぐる決着がギリギリまでもつれた。そのバックに居たのは、アメリカ議会への巨額献金の主役である製薬大企業である。製薬大企業では広告宣伝費・マーケティング費用が肝心の研究開発経費より上回っている。この費用の中に多額のロビー活動・政治工作費用が含まれている。

マーシャ・エンジェルは著書『ビッグ・ファーマ　製薬会社の真実』で、巨大製薬企業の「錬金術」について次のように問題点を指摘している[5]。

①真の画期的新薬は少なく、少し化学構造式を変えただけのゾロ新薬

（3）日本製薬工業協会・医薬産業政策研究所「製薬産業を取り巻く現状と課題　イノベーションと新薬創出」『産業レポート　No.5』2014年。
（4）物質特許とは、化合物そのものの特許で、新しい化学構造の物質が医薬品に使用できることを発見した際に与えられる。元々日本では物質特許を特許・発明とは認めていなかったが、1976年に導入された。製造方法等が違っていても物質が同じであれば権利が及ぶため、製法、用途、用法の特許を追加的、段階的に設定し独占販売期間を伸ばすことができる。
（5）マーシャ・エンジェル、栗原千絵子・斉尾武郎訳『ビッグ・ファーマ―製薬会社の真実―』篠原出版新社、2005年。

(me-too-drug)ばかりである。②米国食品医薬品局（FDA）が製薬企業に隷属している。③製薬企業が臨床試験に干渉しすぎる。④特許や排他的販売権の期間が不必要に長く、いかようにも延長できる。⑤製薬企業が自社製品について、医師の教育に干渉しすぎる。⑥研究開発、広告宣伝、薬価算定に関する情報が公開されない。⑦薬価が高すぎる、不安定である。

いまや製薬大企業は真の新薬開発力が低下している。基本特許（物質）にぶら下がる周辺特許（製法・製剤・用途）の網の目を張り巡らすことで、独占販売期間を継続させる戦術（永久に活かすという意味で常緑化＝エバーグリーニングという）により利益を守っている姿が同書では明らかにされる。

ミケーレ・ボルドリンとデヴィット・K・レヴァインは著書『〈反〉知的独占』で、医薬品特許は「必ずしも社会にとって、消費者・病人にとってよいものではない。特許は独占者にとってはよいものだ」「医薬品産業は、特許が少なく弱い国のほうが急速に発展した」「特許を認める国は、認めない国より薬価が高い」と批判した。そして特許制度が新薬開発に有効である事実はないと強調する[6]。

古くから物質特許制度のあったアメリカ、イギリスに比べて、製造方法の特許しかなかったドイツやスイスのほうが新薬の開発が旺盛に行われてきた。特許化できず競争が激しいからこそ、頻繁にイノベーションが行われた。かつてイギリス植民地時代のインドには物質特許が存在したが、独立後にこれを廃止し特許を共通に無償で利用する法改正を進め、製法の競い合いにより有効で経済的な医薬品の開発が隆盛をみてきた。

さらに同書は、「特許制度自体によって人工的に作り出された、相当量の社会的に非効率なレントシーキング[7]がある」と指摘する。「特許の取れるまねっこ薬」を守るための弁護士費用、コンサル料という名の処方医師へ

---

(6) ミケーレ・ボルドリン、デヴィット・K・レヴァイン、山形浩生・守岡桜訳『〈反〉知的独占―特許と著作権の経済学―』NTT出版、2010年。
(7) 民間企業などが政府や官僚組織への働きかけを行い、法制度や政策変更を行うことで、自らに都合よい規制緩和等をさせることにより、超過利潤を得るための活動のこと。

の賄賂、政府関係者への工作費用が、患者に付け回しされ実に高いものについているという。

結局、政府のお墨付きにより成立する医薬品特許（物質特許）は、自由競争をできる限り排除する力として作用する。グローバルな製薬大企業の支配力強化、特別利潤の獲得の推進力となっているのである。加えて、新薬開発の活力低下に結果しているのである。

（２）医薬品特許の国際的な対抗・連携関係

日米共通の利害

知的財産部門（ロイヤリティおよびライセンス収入）の輸出は、アメリカにとってサービス貿易分野の中で金融サービスに次いで大きな部分を占める。TPP協定を布石として、将来は中国を含めて全世界にアメリカ主導のグローバルスタンダードを守らせる戦略の一環という見方もできる[8]。知的財産の中で医薬品特許は最も重視される部門である。

日本は、アメリカの医薬品産業には後れを取るものの、医薬品特許のライセンス収入と独占的販売の確保という面で、アメリカと共通の利害を持つ立場にある。総務省調査（2013年）では、医薬品のライセンス収入は約4,400億円、同支出は約800億円で、収支差は約3,600億円を誇る。

世界で新薬を創り出す能力のある国は、日・米・欧とイスラエルくらいである。医薬産業政策研究所によると、新薬特許のライセンサー企業国籍はアメリカが半分弱、スイス、日本、イギリス、ドイツ合わせて約４割という状況である[9]。よって、TPP参加国内では、「米日対その他国」という構図となる。「大筋合意」の土壇場で、アメリカとオーストラリア、マレーシア等との"手打ち"のために日本が中立的に役割を果たしたように報道されたが、"ふりをした"だけであることがわかる。日本は受益者としてアメリカ主導

（８）渡辺惣樹『TPP知財戦争の始まり』草思社、2012年。
（９）日本製薬工業協会・医薬産業政策研究所「国・企業国籍からみた医薬品の創出と権利帰属」『政策研ニュースNo.42』2014年

のグローバルスタンダードづくりに使い走りの子分のようにせっせと協力し、自らの海外投資の拡大を図る位置にある。

TRIPs協定と強制実施権

　国際社会における医薬品の知的財産保護は、先進国と発展途上国の対立を経て、1995年にWTOで「知的所有権の貿易関連の側面に関する協定」（TRIPs協定）が制定された。すべてのWTO加盟国（現在130国以上）に対し、知的財産権の最低限の保護を義務付けた。その後まもなくこの協定は南北対立の争点となる。エイズ患者急増の中で、物質特許が治療を妨げるとの強い反対運動が、市民グループやNGOのみならず途上国政府も巻き込んで展開された。エイズ問題への対応について、先進国の政府も製薬大企業も関心は薄く、医薬品開発の秘密主義も手伝って援助の遅れが糾弾された。そんな中、インドの後発医薬品大企業のシプラ社はアフリカへ安い薬を提供し、物質特許の弊害を国際世論に訴えるに至った。抗HIV薬の1人当たり年間費用は、2000年には約1万ドルだったのが、後発医薬品の投入により2011年には約60ドルまで飛躍的に下がっており、途上国の貧しい患者にとって命綱となっているのである。

　そこで2001年にWTO閣僚会議の公衆衛生宣言（「ドーハ宣言」）において、「強制実施権」の設定等、TRIPs協定の柔軟解釈が採択された。強制実施権とは、特許権者の承諾のない第三者に対して政府等がその技術等を使用する権利を強制的に付与することである。国内市場向けの製造販売に加えて、途上国への抗HIV薬の輸出も一定の要件のもとで強制実施権に基づく医薬品輸出（並行輸入）が認められた。

　途上国は先進国からの技術移転を求め国内生産振興と輸出を夢見るが、医薬品の自国生産はほとんど進んでいない。タイやブラジルといった新興国でも同様である。実際は、強制実施権をちらつかして先進国の新薬に対する価格交渉と、インド等からの後発医薬品輸入が進んでいる。市民運動や途上国の主張は、医薬品特許を恒常的に制限すること、インドに物質特許を導入さ

せないことに向かっている(10)。

　後発医薬品の生産・輸出大国であるインドは、前に見たように独立後の特許無力化により医薬品産業が発展したが、最近では先進国への原薬や完成品の輸出も視野に入るようになってきた。2000年代からはむしろTRIPs協定との整合性を図る動きへ転じた。先進国からの投資拡大、さらに先進国の製薬大企業の臨床試験をインドに引き込むこと（失業者・貧困者が被験者になることには批判も多い）が狙いである。このようにインド製薬企業の戦略として単純な対抗だけでなく連携の側面、先進国からすると悲願であった物質特許の世界にインドを取り込む動きという複雑な様相となっている。

　こうした中で、アメリカは各国とのFTAを通じて、TRIPs協定の柔軟解釈に制限をかけ特許の権利強化を図った。オーストラリア、韓国、ペルー等は、対米FTAにおいてTRIPs協定を上回る医薬品特許条項を採用させられた。それらは後に見るTPP「大筋合意」内容とほぼ同様の構造である。特に、新薬の特許期間中における後発医薬品の販売阻止手段を厳しく義務付けている。オーストラリアでは、従来は代替薬を参考価格として新薬の薬価を安く規制してきたが、FTA締結後はアメリカの新薬の価格の高止まりが顕著となった。同様の結果や予測が、ヨルダン、ペルー、マレーシアでもみられた。自国生産の後発医薬品が大宗を占める韓国では、国民の激しい反対運動があった(11)。

新興国市場へのルール導入

　医薬品特許をめぐる国際的な対抗関係は重層的な捉え方が必要である。まずは発展途上国の貧しい国民にとって、安い後発医薬品を使用できない問題。ドーハ宣言によるTRIPs協定の柔軟解釈を逆回転させるような方向が強まれば、エイズ患者団体や市民運動グループ、途上国政府の反発は過激さを増す

---

(10) 山根裕子『知的財産権のグローバル化—医薬品アクセスとTRIPs協定—』岩波書店、2008年。
(11) 日本文化厚生農業協同組合連合会『米韓FTAと韓国医療等調査団報告書』2012年。

だろう。さらに、先進国の国民にとって、新薬の高騰と後発医薬品使用の遅れにより社会保障財源が影響を受ける問題である。日本においても、財源問題を理由として皆保険制度等の社会保障にほころびが出て混合診療が拡大すれば、患者負担を大きく直撃する。

　もう一面は、製薬大企業と後発医薬品企業の間、その後ろ盾としての新薬開発先進国（日・米・欧）と後発医薬品生産が中心のその他の国々との間の対抗関係である。対抗の反面、連携の思惑も絡む。新興国の後発医薬品企業の包摂を含む製薬大企業のグローバルな展開がある。WTOや対米FTAがアメリカ流のスタンダード構築に動員される。WHO（世界保健機関）はかってタイの強制実施権発動をけん制し「知的財産と公衆衛生のバランスが必要」（チャンWHO事務局長）と発言し、国際的に市民運動から非難されたことがある。これら国際機関さえも安全・品質管理指導や利害調整の名で特許ルール導入に"活用"されうることもみておく必要があろう。

　先進諸国の医薬品市場は伸び悩む一方で、新興国の市場は急拡大している。新興国市場は世界の医薬品使用増加額の7割を占め、2016年には世界市場の3割に至ると予測されている[12]。新興国に対し医薬品特許のルールを導入させるアメリカの世界戦略の一環として、今回のTPP協定に連続していく。内閣官房TPP政府対策本部の説明資料には、「知的財産章は、TRIPs協定を上回る水準の保護」を目指すものと明記されている。

　厚生労働省は2015年に「国際薬事規制調和戦略—レギュラトリーサイエンス　イニシアティブ—」をぶち上げた。アジア唯一の新薬創出国・日本から、ASEANや中韓に対し、薬事規制のノウハウ提供や行政担当者のトレーニング支援、共同治験を通じたイニシアティブ発揮を目論んでいる。繰り返すが、日本の製薬大企業も特許ルールのスタンダード化の重要な利害関係者である。ここが新薬企業が存在しない韓国やオーストラリアとの大きな違いである。

---

(12) 日本製薬工業協会『産業ビジョン2025　世界に届ける創薬イノベーション』2016年。

(3) 医薬品特許「大筋合意」の内容

前面に出る特許権者の利益

　前項のように、特許権をめぐっては鋭い対抗関係がある。そこで、「TPP協定の暫定仮訳」第18章（知的財産）3条「原則」は、「公共の利益を促進するために必要な措置」「知的財産権の濫用の防止」を「この章の規定に適合する限りにおいて、とることができる」として、日米を除く参加国に配慮したかの表現となっている。6条「公衆の健康についての特定の措置に関する了解」では、エイズ等の「公衆の健康に関する危機」を国家緊急事態として認めて、WTOの「ドーハ宣言」に言及している。協定にこう書かざるを得ないのは、国際世論の一定の成果ともいえよう。しかし、あくまで強制実施権の強化ではなく、発動事由の緊急性・公共性を狭く設定しようとするものであることは明らかである。

　同章の本音は、特許権者の利益の確認を大前提としている。4条「規定に関する了解」では、「利害関係者の利益を考慮」に入れて「イノベーション及び創造性を促進する」とある。そして利害関係者の筆頭に「権利者」を挙げている。イノベーション＝新薬を開発する企業の権利の優先、つまり後発医薬品の上市をできる限り遅らせることを明確にしているのである。

　なお、懸念されていた「診断方法・治療方法・外科的方法」については、37条で「特許の対象から除外することができる」とされた。日本の特許法ではこれらは「産業上利用できる発明」には該当しない。しかしあくまで「できる」規定となっている点に注意が必要である。

　同章第C款「医薬品に関する措置」には、①特許期間延長制度　②新薬のデータ保護期間に係るルールの構築　③特許リンケージ制度が上げられている。これらはアメリカがすでにFTAで相手国に求めてきた内容で、ほぼパッケージ化されているものである[13]。以下、順に見ていくこととする（**図5-1**）。

---

[13] 桝田祥子「医薬品産業と米国FTA知財戦略」『パテントVol.66　No.10』日本弁理士会、2013年。

図5-1　大筋合意における医薬品に関する措置

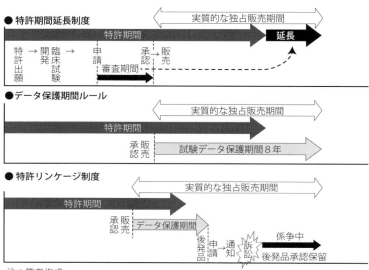

注：筆者作成

特許期間延長制度

　図5-1の通り、製薬企業の特許出願で特許期間（20年）がスタートするが、その後の開発・臨床試験を済ませて申請を行ったのち、国の審査を経て承認されて販売（つまり費用回収と利益実現）が始まる。この時点ですでに特許期間の何年か（多くは10数年）が経過していることになる。そこで申請から承認までの期間の分を特許期間の延長に充てて、実質的な独占販売期間の拡大（現行の日本では5年）をもくろむのがこの制度である。

　48条「不合理な短縮についての特許期間の調整」は、「効率的かつ適時に医薬品の販売承認」の「努力を払う」とする。「有効な特許期間の不合理な短縮について特許権者に補償するため特許期間の調整」つまり「追加の特別の保護の期間」を付けるというものである。承認が遅れて独占販売できる期間が短くなったらその分を補償せよということである。これでは政府による販売承認の真っ当な手続きさえ「不合理」だと主張されかねない。「不合理

な短縮を回避する目的で……審査を迅速に行うための手続き」を政府は採用せよと迫るものである。

　この条項は日本の現行の特許法においても同水準で導入済みである。"浸食"された特許期間の延長制度はすでに1988年から施行されており、5年を限度として延長することが認められている。ただ、承認までの期間が「不合理な短縮」だと製薬企業の主張が通った場合、5年を超える延長もありえる。海外で導入済みの新薬の日本での承認・販売が遅れるいわゆるドラッグラグ問題については、かってアメリカと比較して申請・開発で1年半〜2年、審査で1年程度の差があった。現在はそれぞれ数か月、1か月程度の差となりほぼ解消しているといわれる。

新薬のデータ保護期間ルール

　データ保護期間とは、承認を受けるために提出した臨床試験などのデータが知的財産として保護される期間のことを指す。日本では先発の新薬に再審査を課すまでの期間が8年（実質上の新薬データ保護期間）となっており、この期間中は他社は後発医薬品の申請を行うことができない。この期間が長く認められれば図5-1のようにさらなる独占販売期間の拡大が可能となる。

　TPP交渉では、バイオ医薬品データ保護期間について、アメリカは12年という高めの球を投げて、5年を要求するオーストラリア等と激しく交渉してきた。全世界でのバイオ医薬品の市場規模は22兆8000億円（経済産業省の2015年予測）というドル箱である。結果、50条「試験データの保護」で「販売承認の日から少なくとも5年間」保護、51条「生物製剤」（バイオ医薬品）で「販売承認の日から少なくとも8年間」保護とされた。内閣官房TPP政府対策本部の「全章概要」には、バイオ医薬品について8年間の代わりとして、「販売承認の日から少なくとも5年間」保護、「他の措置をとること」、「市場における同等の効果をもたらす効果的な市場の保護」のいずれかを選べるとの説明がある。要するに、合意を達成するために他国の顔を立てて5年の文言を残し、8年と同等の効果になるよう保護する選択もありという玉虫色の

決着で手を打ったのだろう。

　いずれにしても、特許期間とは別に、販売時からのデータ保護期間が重なり、実質的に独占販売の期間が延長されることになる。ところがこの8年でさえ、アメリカ議会が強い不満を表明し、「痛ましいほどに不十分」（共和党のハッチ上院財政委員長）と酷評した。これにより批准時期のずれ込みに加えて、政治的思惑から強欲な製薬企業におもねった追加的要求をさらにしてくる恐れもある。また、協定はあくまで「少なくとも」となっており、さらなる期間延長も可能と読める。51条では、10年後に排他的な期間や適用範囲を見直すため再協議をするとある。

　日本ではすでに実質8年の保護が法定されている。発売後再審査を課すまでの期間が、新規有効成分を含有する医薬品は8年、既承認医薬品で効能効果や用法用量が異なるものは6年などとなっている。この期間中の後発医薬品申請には先発新薬と同等以上の資料提出が必要で、実質的に後発医薬品の申請が制限される。新薬は2007年に従来の6年から8年に変更されており、今回の米豪のバトルで"なだめ役"を買って出た訳がわかる。

特許リンケージ制度
　後発医薬品メーカーは新薬の販売が開始されてから開発に着手する。日本では実質上の新薬データ保護期間8年間の終了を待って後発医薬品メーカーは申請を行う。申請を受けた当局は、新薬の物質特許が残っていればその満了後に後発医薬品の販売を承認する。その時点で後発医薬品の発売を知った新薬メーカーが訴訟を起こすことがあっても、後発医薬品の販売自体に影響はない（事後的に訴訟の結果で販売できなくなることはありうる）というのが現在の制度である。これに対し特許リンケージ制度とは、図5-1のように後発医薬品の承認・販売の前に訴訟の開始自体で承認を差し止めるというものである。

　リンケージとは、医薬品を承認する薬事行政と特許法を連鎖させることを意味する。後発医薬品の申請があったら、当局が特許権者（新薬開発企業）

に通知する。特許権者が「侵害されている」と申し立てたら、係争中は後発医薬品の製造承認を当局が差し止める。53条「特定の措置」で、「特許権者に通知する制度」、「特許権者が救済手段を求めるための十分な期間及び機会」、「紛争解決のための手続及び迅速な救済措置」を定めるとしている。

　こうした通知制度はすでにアメリカ国内、そして米豪や米韓間のFTAで設けられている。後発医薬品企業としては承認・販売は遅れるものの、前もって特許の侵害について解決してから参入できる（法的予見性）という理屈である。アメリカではこの制度に則って最初に申請した後発医薬品企業に対しては、2番手以降の後発医薬品企業の参入までに半年間の市場独占権が与えられる。訴訟（見せかけとも評される）では、和解により特許権者の新薬企業側が後発医薬品企業に和解金を払う（逆支払い）ことまで横行している。

　ここまでの妥協的で出来レース的な仕組みと引き替えに、新薬企業は高値の独占販売期間が確保できるのである。共謀とも取られかねない特許制度の競争制限的な本質がよく表れている。結果として、製法特許である後発医薬品を物質特許の支配下に包摂することに成功しているといえよう。日本には現在この特許リンケージ制度はなく、薬事行政、特許行政、司法を巻き込む大きな変更となる。後発医薬品の販売が遅れ、その価格自体も割高になるのはまちがいない。

3. 薬価決定に製薬企業が口を挿める仕組み─「透明性」章をめぐって─
(1) 企業利害としての「透明性」

　「知的財産」章以外にも曲者が潜んでいる。TPP協定の言う「透明性」とは何を指すのか。それは端的に言って、企業利害を徹底して守るための薬事行政にかかる「透明性」のことである。決して国民にとってのそれではない。

　「TPP協定の暫定仮訳」第26章（透明性及び腐敗行為の防止）第B節「透明性」2条で、法令や行政の決定を「速やかに公表」する。その「とろうとする」決定を可能な限り「事前に公表」する。「利害関係者及び他の締結国」が「意見の提出のための合理的な機会を与える」──としている。「意見提

出の期限の60日前までに公表」するなど事細かな規定まで書き込まれ、薬事行政への関与に並々ならぬ執念を表明している。薬事行政をいわば非関税障壁とみて、透明な、つまり製薬企業や締結国が口をはさむことができる手続きを要求しているのである。協定に合わせて日米間で「保険等の非関税措置に関する書簡」が交わされた。そこでは「外国の関係者を含む全ての利害関係者」に対して自国関係者より「不利でない条件で意見書を提出する有意義な機会」提供として、審議会等の「傍聴」、「会合に出席」、「意見書の提出」を認めるとしている。

　米豪、米韓FTAにおいては、アメリカの製薬企業が「もっと値上げを」と政府に不服申立てできる仕組みが入っている。韓国には、米韓両国の担当官が共同議長となる医薬品・医療機器委員会や、異議申立てを受け付けるための独立検証機関（韓国政府の人事権は及ばない）が設置されている。アメリカは日本との間で同様の仕組みをイメージしているのではないか。

　日本の薬事行政を簡単にみておく。医薬品や医療機器（特定保険医療材料）は、厚生労働省によって公定価格が全国一律に決められる。新薬の価格は、類似薬のあるものは新規性に対する加算、ないものは原価計算方式で決定される。一方で実際に医療機関に卸売りする実勢価格は当事者間の交渉で決まる。薬価と実勢価格の差が薬価差であり、医療機関の実質的な経営原資になっている。厚生労働省は実勢価格を反映して薬価を引き下げるため、薬価調査に基づき2年ごとに薬価改定を行う。次項で見るように、外国平均価格との調整や売れすぎた薬の再引き下げ、逆に新薬には特別の加算制度がある。検討協議は診療側、支払側、公益の三者による「中央社会保険医療協議会」（中医協）で議論され、厚生労働大臣に答申される。国家の主権として公明正大に薬価決定が行われるべきであるのは当然だが、製薬大企業としてはここに直接関与するのが手っ取り早いということであろう。

（２）附属書で医薬品等を特別扱い

　協定には「医薬品及び医療機器のための透明性及び手続の公正に関する附

属書」が特別に付加されている。「質の高い医療の提供に当たっての医薬品及び医療機器が果たす重要な役割等の原則の重要性を確認」と勿体をつけて規定している。保険収載にあたり「申請の検討を一定の期間内に完了」、「手続規則……を開示」としている。

　この「附属書」に関する日米間の「書簡」も重ねて取り交わされている（「医薬品及び医療機器に関する透明性及び手続の公正な実施に関する附属書の適用に関する日本国政府とアメリカ合衆国政府との間の書簡」）。そこでは、医薬品のみならず医療機器に注目しているのが特徴的である。「両国の社会、経済における保健医療に対する医療機器産業の有益な貢献を認める」とし、医療機器は「全ての国の保健医療制度にとって重要であり、全世界の患者に対して利益をもたらす」、「両国は、医療機器の世界最大級の市場であり、かつ、輸出者である」とする。近年医療機器の開発と伸びは目覚ましく、アメリカからの輸入割合が高いこと、日本としても成長部門に位置づけていることを反映している(14)。

　「附属書」第５条の「協議制度」のもとで、「附属書に関するあらゆる事項（関連する将来の保健医療制度を含む）について協議」するとしているのは重大である。さらに「書簡」において、薬価と保険償還価格（医療機器）の決定機構である我が国の中医協とアメリカのメディケアを明記して、附属書の規定を守るように念を押している。「（日本国は）その普遍的な保健医療制度を維持する必要を強調する一方」、「（日本国及び合衆国は）保健医療制度の実施における透明性及び手続の公正な実施の重要性も認める」とも強調している。協議には「関連する将来の保健医療制度を含む」となると、これは

---

(14) 医療機器全体の国内市場は３兆2,063億円で、10年間で128.8％に伸長した。うち輸入は１兆3,008億円でありその47％をアメリカが占める。日本からの輸出は5,305億円である。治療系医療機器（ペースメーカー、人工関節、チューブカテーテル等）は多くが「特定保険医療材料」として薬価と同様に公定価格が付けられ、その市場規模は１兆5,710億円である。診断系医療機器（内視鏡、CT、MRI等）は１兆325億円の市場となっており、その費用は診療報酬の中の手技料等に包括的に含まれる（2013年　厚生労働省統計）。

いかにも踏み込み過ぎである。薬価の決定や医薬品の保険制度の協議の場にアメリカの製薬企業を入れろ。とにかく早く、そして高く販売にこぎつけられるように口を挟ませろ——という要求と言っても過言ではない。そして薬価問題を超えて、協定の適用外であったはずの社会保障制度、公的医療保険制度の枠組みにまで手を付けかねないという重大な懸念が潜んでいる。

4．二国間交渉における対日要求—『米国外国貿易障壁報告書』—

（1）営利化要求から医薬品要求へシフト

 アメリカはすでにTPP交渉とは別建てで日本に対し具体的な直接要求を突きつけている。その意味ではTPPの合意内容や批准・発効の行く末だけを見ていると事態を見誤る。TPPと二国間要求をセットで捉える必要がある。

 アメリカの通商代表部の要求では、以前のような日本の医療サービスへの参入（営利病院や混合診療解禁要求）は影を潜めている。2012年以降は、医薬品・医療機器の価格決定に対する具体的な要求に絞り込んできている。「2015年米国通商代表外国貿易障壁報告書」（2015年4月13日外務省・仮要約）には、「（新薬創出加算の）制度の恒久化は、日本市場の予測可能性及び魅力を増加させ……長期的な投資を促進するだろう」とある。

 具体的には、①新薬創出・適応外薬解消等促進加算の恒久化、②市場拡大再算定ルールの廃止、③外国平均価格調整ルールの改定——が掲げられている。要するに、新薬をいつまでも高い値段のまま据え置け。値下げはするな——という、日本の薬価制度へのあからさまな圧力である。日本及び欧州の製薬企業団体もいっしょになって要求している内容である。以下、①②③の順に述べる。

（2）新薬創出加算という"特別手当"

 ①「新薬創出・適応外薬解消等促進加算」（2010年度から「試行」の段階）とは、後発医薬品がない先発品で、市場実勢価格の値引き率の小さいもの（薬

価に対する乖離率が全医薬品の加重平均より低い）に対して一定の加算をして高薬価を維持するものである。要は医療機関との交渉でがんばって卸価格を高値で維持すれば公定の薬価も下げない。それで得られた利益を次の新薬の研究開発の原資に回せというのが目的である。厚生労働省はこれを「メリハリを付けた薬価制度により、イノベーションの適正な評価」と自賛する。

この"特別手当"は、2014年度だけで790億円にのぼる。2010年からの5年間で合計約3,600億円以上の加算額が日米欧の製薬企業に転がり込んだ計算になる。1社当たり加算額20億円以上の「受益者」12社中10社、同10億円以上23社中の14社が外資の製薬企業である（2014年度　厚生労働省資料）。

この加算制度は数々の問題が指摘される[15]。そもそもが加算対象となる医薬品と開発が期待される将来の新薬との間には特段の関係はなく、今ある医薬品に付けた"特別手当"により前倒しで次の新薬開発の費用を回収させるものである。特許が切れていない先発医薬品は全体で約4～5兆円を占める。そのかなりの部分がこの加算の対象品目となっている。加算対象となった医薬品の本来の価格は歪められる。実際に、加算獲得を目的として医療機関への納入価格の談合的な値上げが横行している。しかも、加算額が研究開発投資ではなく内部留保やM&A、営業宣伝費に回っているという指摘が政府内部からもある。そのため、恒久的制度とするのは待ったがかかっているのである。

②「市場拡大再算定ルール」とは、予想以上に売れた薬（たとえば予測の年間販売額より2倍以上、150億円を超えた場合）は薬価を最大で25％引き下げるしくみである。2016年度の薬価改定では、市場拡大再算定の「特例（巨額再算定）」も導入された（たとえば予測の年間販売額より1.3倍以上、1,500億円を超えた場合、薬価を最大50％引き下げ）。

③「外国平均価格調整ルール」とは、欧米諸国と比較して高過ぎる日本の価格を下げるものである。米、英、独、仏の価格の平均額と比較して、外国

---

[15] 村上正泰「新薬創出加算の問題点と「イノベーション」の評価」『日本医事新報No.4658』2013年。

平均価格の1.5倍を超える場合は引下げ調整を行う。なお、比較される外国の薬価には薬局のマージンが含まれており、ゲタを履かせたうえで日本の薬価と比較すること自体の問題が指摘されている。

②③とも保険財政の立場から当然の措置であるが、一方で政府は①の「新薬創出加算」の試行を継続し製薬大企業への奉仕は怠っていない。日米欧の製薬大企業は、不利な制度見直しに強く抵抗する姿勢を隠さない。アメ（新薬創出加算）をもっとくれ、恒久化してくれ。ムチ（市場拡大再算定ルール、外国平均価格調整ルール）はやめろ——ということである。米国研究製薬工業協会（PhRMA）は、薬価の毎年改定や巨額再算定、後発医薬品拡大等の日本の制度見直しが実施された場合、「日本市場は今後10年で30％縮小する」との試算を発表した（2016年1月）。同協会会長は「日本に投資を引き付ける能力が損なわれる。日本で新薬の開発・上市が遅れ患者のアクセスが阻害される。投資判断として日本市場の安定性と予見性を損なうことが最大の懸念だ」と脅しに似た発言を行っている。

アメリカは、当面は日本の公的医療保険制度を崩す直接要求はトーンダウンさせるだろう。医薬品・医療機器の価格規制の緩和・撤廃で、大いに保険制度を活用し食い尽くすことを基本に置くつもりのようだ。その次の段階で、医療特区での市場原理導入やISDS条項を使った皆保険制度の変質を展望しているのかもしれない。

5．製薬大企業のグローバル展開と政府の産業政策

（1）世界市場と日本市場

TPPが日米製薬大企業の共同要求としての側面を色濃く持つことをみてきた。医薬品をめぐる市場、企業概要、政府方針を概観しておく。

医薬産業政策研究所によると、9,384億ドルある世界市場における企業国籍別売上高（2014年）は、アメリカ3,125億ドルで3分の1を占める。スイス964億ドルで1割強、日本809億ドルで8.6％、ドイツ723億ドルで7.7％と続く。

しかし企業国籍ごとの自国を除いた世界市場シェアでは様相が変化する。アメリカ21.7％、スイス10.2％の次は、イギリス7.2％、ドイツ6.6％、フランス4.7％となり、日本は4.1％と後塵を拝する。日本の製薬企業は国内市場でのシェアは高いが、他国では低いシェアしか獲得できていないことがわかる[16]。

　世界市場の地域別シェア（2014年　厚生労働省資料）は、北米38.1％、ヨーロッパ25.2％に対し、アジア（日本除く）・アフリカ・オセアニア20.8％、中南米7.5％で、年々存在感を増している。日本市場のシェアは世界の8.3％で年々低下している。

　しかし日本市場は単純に縮小とみられているわけではない[17]。欧州製薬団体連合会（EFPIA）のシミュレーション（2015年）によると、2013年度からの12年間で0.13％の微増、2021年度くらいから若干のマイナス成長としている。その規模は毎年10兆円内外で推移し続ける。中でも新薬（特許が切れていない先発医薬品）は年4.8兆円から5.1兆円をピークに2025年度でも4.3兆円を確保する見込みという。実に全体の5割弱から4割強である。後発医薬品は量的には増えるものの、ドル箱の新薬は金額では大きくは減らない（正確には「減らさない」）としている。当面、日米欧の製薬大企業にとって日本はなお重要市場であり続ける。

（２）ビッグファーマと国内製薬企業

　全世界での医療用医薬品の企業別売上高（2014年度）では、ノバルティス（スイス）47,101百万ドルを筆頭に、ファイザー（アメリカ）45,708百万ドル、ロシュ（スイス）40,101百万ドル、サノフィ（フランス）37,634百万ドル、メルク（アメリカ）36,042百万ドル、ジョンソン・エンド・ジョンソン（アメリカ）32,313百万ドルと続く。20位以内の8社がアメリカ企業でその合計

---

[16] 日本製薬工業協会・医薬産業政策研究所「世界市場における国内製薬企業の売上シェア」『政策研ニュースNo.46』2015年。
[17] 欧州製薬団体連合会「EFPIAの見解―諸外国での医療技術評価の利用と日本における意義―」2015年。

は212,124百万ドル（当時為替レートで約23.3兆円）に上る。日本の武田薬品14,688百万ドルは17位、アステラス製薬11,347百万ドルは20位である[18]。日本企業の海外売上高比率は、武田薬品59.9％、アステラス製薬60.9％、第一三共42.7％、大塚HD61.8％、エーザイ43.9％となっている（2014年　厚生労働省資料）。

　純利益は、ジョンソン・エンド・ジョンソン16,323百万ドル、ギリアド・サイエンシズ（アメリカ）12,101百万ドル、メルク11,920百万ドル、ノバルティス10,210百万ドル、ロシュ 10,198百万ドル、ファイザー 9,135百万ドルに上る。ギリアド社はC型肝炎治療の画期的新薬で100億ドルを売り上げ、売上高24,890百万ドル（9位）、前期比122％増の驚異的な伸長をみた。

　日本国内での売上高および対2014年度比を見ると、武田薬品5,613億円、△3.6％、ファイザー 5,020億円、△5.4％、アステラス製薬4,987億円、△6.0％、第一三共4,805億円、△1.1％である。上位10社中8社が減収となっている。想定以上の後発医薬品拡大が影響した模様である。

　各国とも何らかの公的な社会保障の制度が整備されている。そうした公共の財布からビッグファーマは１社で数兆円規模の支払いと１兆円を超える利益を得て存在しているのである。

　純利益－販管費－研究開発費の総売上対比（2014年度）が興味深い。ノバルティスはそれぞれ18％－30％－17％、ファイザーが18％－28％－17％。同様に、武田薬品［マイナス計上］－34.5％－21.5％、アステラス製薬10.9％－36.3％－16.6％である。売上の20％に迫る純利益というのも驚きだが、外資は研究開発費を上回る純利益、販管費となっており、日本の企業は販管費が研究開発費を大幅に上回っている。いかに営業推進・マーケティング費用に金をかけているかがわかる。医師への情報提供者MRの過剰で不適切と指摘される営業活動のほか、いわゆるロビー活動や政治献金を含む費用である。

　大型の新薬が生まれにくく経営環境が不透明さを増す[19]なかで、M&A

---

(18)以下売上高等の数値はことわりのない限り『医薬ランキング2015年版
　　Monthlyミクス増刊号』エルゼビア・ジャパン、2015年。

や合併による成長、再編をめざす動きが活発化している。

ファイザーは2015年11月に、眼科・皮膚・美容領域に強いアラガン（アイルランド）を19.7兆円で買収することで合意した。法人税率の低いアイルランドへの本社移転による租税回避が問題視されている。同時期に発表された武田薬品とテバ社（イスラエル）の合弁会社設立は、新たな段階の製薬企業再編を象徴するものである。武田薬品は国内売上の45％を特許切れの先発医薬品（長期収載品）に依存している。これらの多くを世界最大の後発医薬品企業テバ社との合弁会社に移管し、本体は新薬開発と販売に集中する。アステラス製薬（山之内製薬と藤沢薬品工業が2005年に合併）、第一三共（三共と第一製薬が2007年に経営統合）といった大型合併後の国内企業のさらなる統合や外資との提携も噂される。すでに外国人持ち株比率は中外製薬（ロシュの連結子会社）で8割弱、アステラス製薬で5割を超える。武田薬品をはじめ数社で外国人が代表取締役等に登用されているのが実態である。

（3）TPPと符合する産業振興策

厚生労働省は『医薬品産業強化総合戦略』を策定し、製薬企業のグローバル展開を全面的に推進する産業振興策を打ち出している[20]。

そこではイノベーションの推進が随所に掲げられ、①産学官の連携・大学発シーズの実用化による公的研究成果の活用、②新薬創出加算による高薬価を通じた研究開発費用の保障、③先駆け審査指定制度による優先承認の推進と加算、④国際薬事規制調和の名でアジア各国への特許等スタンダードの導

---

[19] 武田薬品は、膀胱がんの危険性の指摘を受けた主力薬アクトスをめぐるアメリカでの集団訴訟を抱えている。これに対する和解金や訴訟関連費用として3,200億円の引当金を計上し、2014年度最終損益は約1,500億円の赤字に転落した。また同社は多額の無形固定資産を計上しており、不安定性が指摘される。これは他企業買収で高値買いしたプレミアム（のれん）であり実物資産の裏付けがない。開発中のものに対する特許権や販売権も含んでいる。

[20] 厚生労働省『医薬品産業ビジョン2013—創薬環境の国家間競争を勝ち抜くために、次元の違う取組を—』（2013年）、同『医薬品産業強化総合戦略—グローバル展開を見据えた創薬—』（2015年）

入、⑤開発研究に対する減税策の強化――が追求されている。これらの施策は、批准・発効もしていないTPP協定の内容に見事に合致したものとなっていることに気付かされる。

　安倍首相の肝いりで始まった「先駆け審査指定制度」とは、製薬企業が新薬の申請前段階から審査機関と優先的に相談・事前評価し、優先審査で承認スピードアップを図り、加算まで付けるしくみである。TPP協定の言う「透明性と手続公正」の先取りともいえる制度といえる。規制される（審査を受ける）側と規制する（審査する）側が事前に"擦り合わせる"行為に問題はないと言えるだろうか。

　上記の「ビジョン」「戦略」は企業のあり方にまで踏み込んでおり、「今後一定の期間新薬の創出ができなかったメーカーは事業の転換等も迫られる」と厳しい。M&Aによる事業規模の拡大、バイオベンチャーの買収、後発医薬品企業の集約化を進めるよう強調している。

　政府の"危機感"は伝わるが、確実性の低いイノベーションや真に企業価値向上につながるかわからない規模拡大に過大な期待を寄せるばかりの内容である。これからは後発医薬品の拡大や特許切れ先発品の値下げを政策で断行する。これまでのような幅広い業界保護からは決別する。なんとか日の丸を背負える製薬企業を一握りでも生き残らせたい――との表明と読める。

　実は政府の本音は別のところにあるのかもしれない。当然、上記の施策は外資の製薬企業にも等しく恩恵が及ぶようにしなければならないのが、TPP協定であり日米協議結果である。だとすれば、外資の投資を呼び込み「世界で企業が一番活動しやすい国」にするアベノミクス成長戦略とも符合する。医薬品産業も農業と同じようにアメリカに"差し出した"カードだったということになる。

（4）国民にとっての「TPPと医薬品」問題

　日本の医療費総額約43兆円のうち、医薬品10兆円、医療機器（特定保険医療材料）1兆円を合わせて4分の1を占める（厚生労働省2015年度予測）。

製薬企業の言いなりで新薬の価格上昇、高止まり、後発医薬品の上市引き伸ばしを許せば、保険財政を圧迫することは目に見えている。そのツケは、医療機関に支払われる診療報酬の削減や国民の保険料負担増、患者の自己負担増に回される。まるでTPPに歩調を合わせるがごとく、様々な医療費抑制の制度改正や患者負担増が進められようとしている（**表5-1**）。社会保障・医療介護制度を守る運動のさらなる展開が必要である。

最後に、TPPと医薬品問題を踏まえた運動の視点に触れておきたい。

製薬大企業の経営は、国民の側に立って何らかの民主的規制が必要である。製薬企業は、政府によって特許と排他的独占販売権、そしていわば価格保障が与えられるという極めて特異な産業といえる。電気・ガス等の公益的な事業体に近い位置にいる企業として、適正な利益となるような規制が堅持されなければならない。野放図なM&Aにさらされていることも問題である。

よって、新薬の承認や公定価格を決定する中央社会保険医療協議会（中医協）や社会保障審議会等が民主的に運営されること、それを常に国民が監視する取り組みが重要となる。公正な臨床試験や製造により医薬品の安全性の確保を徹底することも当然である。一部の市民運動にありがちな紋切り型の製薬会社悪玉論を叫ぶのではなく、国民の健康に奉仕する産業として外資も含めて健全な企業育成・規制を求めることを運動の基本に置くべきであろ

表5-1　国民・患者負担増の医療介護制度改正の主な内容

2015年度通常国会で決定した医療保険制度改正
・紹介状なしの大病院受診時の定額負担導入（2016年度）
・入院時の食事代（調理費分）の負担導入（2016年度）
・後期高齢者医療（75歳以上）の保険料軽減特例の廃止（2017年度）
・市町村国保の都道府県単位運営による保険料変更（2016年度）
・県別医療費水準の「目標」設定（2016年度）
・患者申出療養制度の導入（日本型の混合診療の拡大）（2016年度）
財務省による「改革」工程表案（2015.10.9）
・高齢者の高額療養費制度の特例廃止（外来）・月額上限見直し等（2016年末までに結論）
・介護保険（65〜74歳）利用料負担2割化（2017年通常国会上程）
・後期高齢者医療（75歳以上）の自己負担2割化（2019年度から段階実施）
・介護保険軽度者の生活援助、福祉用具貸与等の原則自己負担化（2016年度末までに結論）
・入院時補足給付（低所得者）見直し（金融資産等保有状況考慮）（2016年度末までに結論）
・医薬品等の保険適用に際し費用対効果評価の導入（2018年本格実施）
・大衆薬が出た医療用医薬品（スイッチOTC）の患者負担見直し（2017年通常国会上程）

う(21)。

　そもそも人間の命・健康に直結する新薬の研究開発という仕事を、どこまで私的な営利企業に委ねてよいのか。とりわけ開発費用の多くを占める臨床試験（それゆえ特許必要性と高価格維持が主張される）については、利益相反のない公的な独立機関と非営利の学術機関が管理する仕組みが必要となるであろう。製薬企業からの拠出金を財源とするが、試験の選択・設計やデータ分析への製薬企業の干渉は排除しなければならない。試験の成果、データは共有される公共財として扱われるべきである。特許という秘密主義に囲まれた状態は、科学の進歩の面からもマイナスである。

　人類の健康長寿に資する科学技術を個別の国家が囲い込むことも許されるべきではない。世界中の人々が貧富の差なく有効な医薬品にアクセスできることが基本である。そこで、新薬の開発という極めて人類的な重要課題の国際的管理と市民の連帯という課題が浮上する。平等互恵の国際機関の運営下で、研究開発の取組みが公開、交換、管理されるべきだろう。市民の側の運動もグローバルに手をつなぎ、WHO等の国際機関のあり方まで問う運動が必要となる。特許に守られた日米の製薬企業が新興国・途上国でその国民の利益に反して荒稼ぎするのがTPPだとしたらなおさらである。

　TPPにかかる広範な反対運動が巻き起こっている。いま求められるのは、医療関係者がその専門性を発揮し、TPPの医療・医薬品への影響問題をわかりやすく国民に訴えていくことである。医薬品は国民にとって身近なものであるにもかかわらず、その制度の複雑さゆえ問題点が見えにくい。食と農業を守ることと国民の健康を守ることについて、それぞれの関係者がいっしょになって取り組む。TPPに反対する人々が広範につながりあった国際的かつ地域レベルの行動を急ぐ必要がある。

---

(21)「楽園から追い出される製薬業界　ようやく悟ったビジネスモデルの限界」『医薬経済2016年1月1日号』医薬経済社。

第**6**章
国民生活への罠
―ISDSの狙い―

磯田　宏

1．はじめに―投資家国家間紛争条項をめぐる懸念と論点―

　2010年10月当時の菅首相による日本政府のTPP交渉参加検討の公式表明（10月1日第176回臨時国会所信表明演説）以来、多くの市民社会、評論家、研究者などが投資家国家間紛争解決条項（以下、ISDS条項）が入ることによって、国民生活を守るための政府の規制等政策が訴訟（協定上の文言としては「申立」）の対象になり、したがってそれらに関わる国家主権が制約される懸念が提起されてきている。また投資受入国の司法制度を超越した投資家国家間紛争仲裁というシステム自体が、国家主権の侵害だという指摘もなされてきた（筆者もそのような提起・指摘をしてきた一人である。拙稿「アメリカはTPPで何を狙うか」田代洋一編著『TPP問題の新局面』大月書店、2012年、pp.46〜74）。
　これらを受けて、国会衆参両院農林水産委員会決議（2013年4月18日および4月19日）は「濫訴防止策等を含まない、国の主権を損なうようなISD条項には合意しないこと」を政府が「実現を図るよう重ねて強く求め」、自民党も2013年6月参議院選挙用『J-ファイル総合政策集』で同文の政策を公言した（「公約」ではないらしいが）。
　これらに対し日本政府は、一方で、対外投資国としての日本（日本籍の多国籍企業）にとって、「投資家と投資受入国との間で紛争が起こった場合、

投資受入国の裁判所が同国政府等に対して不当に有利な判断を下すなど、中立性に対する不安がある」ので、「国際仲裁において紛争を解決することができれば、中立的な紛争解決の場が用意されるため」、「投資活動を実効的に保護する手段を確保することができる」のが「TPP協定ルール分野において想定される具体的なメリット例」であるとしている。なお、政府はここで「国際仲裁」が「投資受入国の裁判所」をバイパスすることが「メリット」だとしているわけで、つまり濫訴防止策があろうとなかろうと、ISDSとは投資受入国の司法権という「主権を損なう」ことを本旨とするシステムであることを問わず語りに明言している。

　他方で、日本側の主権が「損なわれる」という懸念に対しては、2015年10月の「大筋合意」以前からそれを払拭する、杞憂に過ぎないとして退ける言明を種々発出してきたが、「大筋合意」後に作成された『TPPをめぐる懸念や不安に関するQ&A』（内閣官房TPP政府対策本部、2015年12月24日）の「Q.10」と「A」、およびその詳細参照先とされている外務省『TPP協定における投資家と国との間の紛争解決（ISDS）手続の概要』（2015年12月）に集約されており、それを整理すると大きくは四つの「根拠」が示されている。

　第一に、「国民皆保険制度、環境規制や食の安全に関する制度などについて、外国から訴えられ、変更せざるを得なくなるのではないでしょうか」という懸念に対して、ISDSとは「投資章に規定されているルール、投資の許可又は投資に関する合意のいずれかに国が違反し、投資家が損害を受けた場合に、国際仲裁廷に損害賠償を求める訴えを提起するものであり、そもそも制度の変更を求めるものではありません」とする。だから「ISDS手続を通じて、国民皆保険制度、環境規制、食の安全に関する制度などについて、変更を行うことは想定され」ないというのである（『Q&A』Q.10のA）。これ自体は、字面としてはそのとおりである。

　すなわちTPP協定（以下、基本的に法的検討を経たテキスト最終版の日本政府2016年2月2日公表「仮訳文」を利用するが、同「仮訳文」に疑義がある場合は筆者独自の訳を提示する）の第9章「投資」**第9.29条　裁定**に、仲

裁廷が最終的に下すことのできる裁定は、「損害賠償金及び適当な利子」と「原状回復（ただし被申立人＝投資受入国が原状回復の代わりに損害賠償金及び適当な利子を支払うこともできる）」のどちらか、あるいは両者の組み合わせだけである旨、規定されている。

　しかしこれほど形式論理的で皮相な「説明」もないので、この政府の第一の「根拠」についてはここで片付けておく。すなわち政府による何らかの政策的措置がISDSに申し立てられ、その裁定で一度でも莫大な損害賠償金支払を命じられた、あるいは命じられることが予測されれば、当該国政府はそのような政策的措置、制度の変更を裁定の事後または事前に行なうしかない。日本政府がこのような「変更」を全く「想定しない」と言うなら、繰り返し莫大な損害賠償金を支払う羽目となり、政府と国家公務員は納税者から責任を問われることになる。これこそが、ISDSが実体的に投資受入国に金銭的ダメージを与えない場合ですら、その政策的措置（法令、規制、制度全般を含む）に対して有する、強烈な「畏縮効果」（chilling effect）としてつとに有名なところなのである。

　第二が、TPP協定では「健康、食の安全、環境等の公共の福祉に係る正当な目的のための規制措置を講ずることが妨げられないこと」が、「投資章の複数の規定で確認されている」ことである（外務省『概要』p.7）。

　第三が、以下4種類の「濫訴防止のため」の規定が置かれていることである。すなわち、①「仲裁廷の権限の範囲外である申立等を迅速に却下することを可能にする規定」（「先決」と呼ぶことにする）、②「全ての事案の審理・判断内容等を原則として公開することを義務付ける規定」（「公開」）、③「申立期間を一定の年数（3年6ヶ月）に制限する規定」（「時効」）、④「仲裁廷は懲罰的損害賠償を命じることはできないとする規定」（「懲罰禁止」）である（外務省『概要』p.6）。

　第四が、仲裁廷の公平性・中立性が次の仕組みによって確保されていることである。すなわち、（Ⅰ）3名の仲裁人は「投資家と投資受入国とが各1名ずつ任命し、仲裁廷の長となる第3の仲裁人は、紛争当事者間の合意で任

命される」、（Ⅱ）「TPP協定の発効までに仲裁人の行動規範に関する指針等が作成され」ること、がそれである（外務省『概要』p.5。ほかに上記「公開」も挙げられているが重複するので省略）。

以上の政府の「根拠」については、当該諸規定およびその背景や含意はもとより、同様の、あるいは類似の「規定」を有する既存の二国間投資協定（BIT）、自由貿易協定（FTA）、経済連携協定（EPA）の下での仲裁廷決定の事例等をも検討した上で「根拠」の妥当性を判断する必要がある。

以下の諸節では、まずISDSの申立対象となる「投資」等とはいったい何かを協定に即して確認する。次に、受入国政府にそれら外国からの「投資」等に対していかなる「義務」が課されるのか、換言するとどのような「義務」に「違反」した場合にISDS訴訟対象になるのかを検討する。その場合、協定条文そのもの、および既存のBIT，FTAおよびEPA等における国際仲裁事例の検討をつうじて、その危険性について考察する。

そして以上と関連させ、あるいは踏まえつつ、政府が挙げる「濫訴防止規定の例」なるものが果たして有効と言えるのかを検討する。併せて上記の政府「メリット」説明にある「国際仲裁廷＝中立的」論に、根拠があるのかも問う。

なお本章は、筆者が「農業・農協問題研究所第84回研究例会」（2015年12月12日）で『「国の主権を損なうようなISDS条項」になっていないか』と題して行なった報告をベースにしていること、したがってまた当該報告でもそうであったように、TPP協定参加諸外国（英語圏）の市民組織専門家や研究者が「大筋合意」直後から発信しはじめた批判的分析にも依拠するところが大であることを、最初にお断りしておく（当該2015年12月12日報告は直後から「農業・農協問題研究所」のホームページにアップされているので、既に参照いただいた向きもあろうかと思う。http://www.nohken.net/isoda1212.pdf）。

特に次の文献は以下の論述で重要文献として参照するので、予め記しておく。

Public Citizen (2015), *New Analysis of TPP Investment Chapter: U.S. Laws Face Expanded Threats from Foreign Investors* (http://www.citizen.org/documents/analysis-tpp-investment-chapter-november-2015.pdf) ……文献A

Public Citizen (2015), *Case Studies: Investor-State Attacks on Public Interest Policies* (http://www.citizen.org/documents/egregious-investor-state-attacks-case-studies.pdf) ……文献B

Johnson, Lisa and Lisa Sachs (2015), *The TPP's Investment Chapter: entrenching, rather than reforming, a flawed system*, Columbia Center on Sustainable Investment Policy Paper (http://ccsi.columbia.edu/files/2015/11/TPP-entrenching-flaws-21-Nov-FINAL.pdf) ……文献C

2．TPP協定における「投資」の概念とISDS対象
　　―外国投資家の極めて広範囲な「権利」を包含する―

(1)「投資」そのものの概念規定

　TPP協定の「第9章投資」は、投資その他の概念を定義した上でそれらを保護するために締約国が遵守すべき義務を規定するA節、そうした義務に違反したとして外国投資家がISDS訴訟を行なうにあたっての諸ルールを定めたB節（これがいわゆるISDS条項にあたる）、第9章諸規定への注釈や細部を補足する12点（A～L）の附属文書からなる。

　まず「保護」の対象になる「投資」とは何かを条文から確認すると、以下のように非常に広範囲にわたっている。特に(e)にある各種契約や(g)のように、中央政府、地方政府との契約やそれらが与えた許認可の類も含まれることに注意しなければならない。

第9.1条　定義
「**投資財産**」（引用者注：原語はinvestmentであるが、日本政府仮訳は資産と

> しての投資を意味する場合にこの訳語を充てている）とは、投資家が直接又は間接に所有し、又は支配している全ての資産であって、投資としての性質（資本その他の資源の約束、収益もしくは利得についての期待又は危険の負担を含む。）を有するものをいう。投資財産の形態には次のものを含む。
> (a) 企業
> (b) 株式、出資その他の形態の企業の持ち分
> (c) 債券、社債その他の債務証書及び貸付金
> (d) 先物、オプションその他の派生商品
> (e) 完成後引き渡し、建設、経営、生産、特許又は利益配分に関する契約その他これらに類する契約
> (f) 知的財産権
> (g) 免許、承認、許可及び締約国の法令によって与えられる類似の権利
> (h) 他の資産（有体であるか無体であるかを問わず、また、動産であるか不動産であるかを問わない。）及び賃借権、抵当権、先取特権、質権その他関連する財産権

投資受入国の中央、地域（連邦制国家の州などであり日本には該当しない）、地方の政府等が「採用し、又は維持する措置」は、後述する義務に従わなければならない（**第9.2条　適用範囲**第2項）。

(2)「投資」以外にもISDS訴訟対象は広げられている

しかしISDS訴訟の対象は、第9.19条によってさらに広げられている。同条は外国投資家が受入国政府との投資紛争について協議及び交渉で解決に至らなかった場合に、「請求の仲裁への付託」（submission of a claim to arbitration。これがISDS訴訟にあたる）ができる内容として以下を定めている。なお「申立人」（claimant）とはISDS訴訟を行なう投資家、「被申立人」（respondent）とは提訴された受入国である。

> **第9.19条　請求の仲裁への付託**
> （前略）申立人は、次のことを行うことができる。

> (a) 自己のために、次の（ｉ）及び（ii）の事項から成る請求をこの節の規定による仲裁に付託すること。
> （ｉ）被申立人が次のいずれかに違反したこと。
> 　（Ａ）前節（引用者注：Ａ節の全て）の規定に基づく義務
> 　（Ｂ）投資の許可
> 　（Ｃ）投資に関する合意
> （ii）（ｉ）に定める違反を理由とする又はその違反から生じる損失又は損害を申立人が被ったこと。

つまり「投資財産」に加えて、「投資の許可」と「投資に関する合意」も訴訟対象になるのである。それぞれの「定義」を第9.1条から引用すると以下のようである。

> 　**「投資の許可」**とは、締約国の外国投資に関する当局が対象投資財産又は他の締約国の投資家に付与する許可をいう。
> 　**「投資に関する合意」**とは、締約国の中央政府の当局と対象投資財産又は他の締約国の投資家との間の書面による合意であって、（中略）両当事者の間に権利及び義務を創設し、かつ、第9.25条（準拠法）２の規定に従い適用される法令（引用者注：この「法令」は、「関連する投資の許可に適用可能な法規又は関連する投資の許可若しくは投資に関する合意に規定する法規その他紛争当事者が合意する法規」を指す）に基づき当該両当事者を拘束し、（中略）次のいずれかの権利を付与するものをいう。
> (a) 国内当局が規制する天然資源（例示略）に関する権利（当該天然資源の探査、採取、精製、運送、分配又は販売に関するものを含む。）
> (b) 発電又は配電、浄水又は配水、電気通信その他これらに類する一般公衆による消費のための（中略）サービスを当該締約国に代わって提供する権利（注９）（引用者注：日本政府仮訳は番号を付けずに随時注を挿入しているが、本稿では英語原文にある注番号を付し、脚注部分を …… で示すことにする。）
> (c) 道路、橋、水路、ダム又はパイプラインの建設その他これらに類する経済基盤（例外文言略）の整備に係る事業を行う権利
> ……………………………………………………………………………………
> 　注９：この（b）の規定は、更正サービス、保健サービス、教育サービス、福祉サービスその他これらに類する社会事業サービスを対象とするものではない。

つまり投資受入国政府が外国投資家に与える投資およびそれに関わる事業への許可、および政府が外国投資家に天然資源開発や経済・生活インフラ整備およびサービス提供を委ねる合意もまた保護対象であり、したがって外国投資家が「侵害」されたと見なした場合にISDS訴訟対象になるのである。

3．受入国政府には外国からの投資に対していかなる「義務」が課されるのか―何に「違反」するとISDS訴訟対象になり敗訴する危険が生じるのか―

(1)「内国民待遇」

協定の第9.4条から第9.11条に受入国政府が外国からの投資に対して果たすべき義務が列挙されている。そのうち特に重要で、ISDS訴訟への関わりが深いものを検討する。

まず「内国民待遇」の協定文は以下のようになっている。なお「第9.5条最恵国待遇」も、以下の一重下線部が「その他のいずれかの締約国の投資家又は非締約国の投資家」になっているほかは、同じである。

第9.4条　内国民待遇（注14）
1　各締約国は自国の領域内で行われる投資財産の設立、取得、拡張、経営、管理、運営及び売却その他の処分に関し、他の締約国の投資家に対して、同様の状況において<u>自国の投資家</u>に与える待遇よりも不利でない待遇を与える。

注14：待遇がこの条文又は次条（最恵国待遇）に規定する「同様の状況」において与えられるものであるかどうかは、当該状況の全体（当該待遇が<u>公共の福祉に係る正当な目的にもとづいて投資家又は投資財産を区別する</u>ものであるかどうかを含む。）によって判断する。
（下線はいずれも引用者）

第一に、条文を一見すると、外国投資家に対して国内投資家と比べて差別的待遇をしないという意味に捉えられそうだが、既存のBIT、FTA、EPA

第6章　国民生活への罠（磯田　宏）　*145*

等におけるISDS仲裁事例をみると、内外の投資家・企業に対して無差別だから即、「内国民待遇」義務を遵守したと取り扱われるとは限らない。というのは、この条項が「同様の状況」にある投資家や企業に対して「外国籍」であることを理由に行なわれたわけではない政府の措置であっても、ISDS訴訟とそこでの申立人勝訴の裁定の根拠になっている事例が存在するからである。

　そのような仲裁事例として、北米自由貿易協定（NAFTA）における「Bilcon社対カナダ政府」がある（仲裁廷紛争記録番号UNCITRAL＝国連国際商取引法委員会、PCS Case No. 2009-04。以下同様）。この案件では、（A）Bilcon社が進めていた玄武岩爆破採石・港湾搬出計画について、当該地域が多くの絶滅危惧種の生息域であることから設置した専門家検討委員会によって出された、「当該計画は、環境を尊重・維持することを含む地元コミュニティの中核的諸価値を脅かす」とのアセスメント結果と勧告を受けて、カナダ連邦政府が却下した。（B）Bilcon社はアセスメントと却下決定は恣意的、差別的、不公正であるため、NAFTAの「待遇に関する最低基準」（後述）、「内国民待遇」および「最恵国待遇」違反だとしてISDS訴訟を起こした。（C）カナダ政府は、当該案件は異なる場所、異なる範囲、異なる環境諸側面におかれた、つまり「同様の状況」ではない中での、国内企業に対する認可とは異なる措置（待遇）であると主張したが、（D）仲裁廷は、（ア）カナダ政府の主張を退けてこの措置は「類似の採掘事業に対する差別」にあたるとし、（イ）「コミュニティの中核的諸価値に対する脅威」とは「恣意的」であり「<u>外国投資家の期待を裏切った</u>」、（ウ）したがって「待遇に関する最低基準」に違反したとの裁定を、2015年3月に下した（損害賠償命令額は未定）（文献B：pp.8〜9、文献C：pp.8〜9）。

　要するにこの事例では、「同様の状況」文言を含むTPP第9.4条1と全く同じ条文を持つNAFTAの下で（第1102条1）、「類似の採掘事業と比べて外国投資家の利益に反する措置がなされた」と裁定し、にもかかわらずカナダ政府の措置に「国籍の違いに基づく差別の意図」があったかどうかの判断は避

けた（できなかった）わけである。ということは、「国籍の違いに基づいて」区別された待遇ではない（内外差別はしていない）場合でも、「内国民待遇」違反の裁定が下されうることを示している。

　第二に、条文注14の二重下線部は、日本政府が挙げる前述「懸念払拭説明」の第二の「根拠」のひとつに位置づけられている。一見「安心」なように見えるが、何が「正当な目的」かの基準はこの条文（ひいては協定全体）のどこにも提示されていないから、結局、その都度の仲裁廷の裁量に任されることになり（文献A：p.12）、客観的には何らの担保にもならない。

（２）「待遇に関する最低基準」

　この「原則」「義務」は著しく抽象的、不明確であって、それだけにこれまでの仲裁事例でも多くの問題を生み、論争の的になってきている。まず条文を見よう。

第9.6条　待遇に関する最低基準（注15）
1　各締約国は、対象投資財産に対し、適用される国際慣習法上の原則に基づく待遇（公正かつ衡平な待遇並びに十分な保護及び保障を含む。）を与える。
2　1の規定は、対象投資財産に与えられるべき待遇の基準として、外国人の待遇に関する国際慣習法上の最低基準を用いることについて定めたものである。「公正かつ衡平な待遇」及び「十分な保護及び保障」の概念は、当該基準（引用者注：国際慣習法上の最低基準）が要求する待遇以上の待遇を与えることを求めるものではなく、かつ、追加の実質的な権利を創設するものではない。1に規定する義務は、次のとおりである。
(a)「公正かつ衡平な待遇」には、世界の主要な法制に具現された正当な手続の原則に従った刑事上若しくは民事上の訴訟手続又は行政上の裁決手続における裁判を行うことを拒否しないとの義務を含む。
(b)「十分な保護及び保障」の要件により、各締約国は、国際慣習法上求められる程度の警察の保護を与えることが義務づけられる。
3　（略）
4　締約国が投資家の期待に反する行動をとる又はとらないという事実のみでは、結果として対象投資財産に対する損失又は損害があった場合であっても、この条の規定に対する違反を構成しない。

> 5 締約国が補助金又は贈与を実施せず、更新せず、若しくは維持しなかった又は修正し、若しくは減額したという事実<u>のみ</u>では、結果として対象投資財産に対する損失又は損害があった場合であっても、この条の規定に対する違反を構成しない。
>
> 注15：この条の規定は、附属書9-A（国際慣習法）の規定に従って解釈する。
> （下線はいずれも引用者）

　なお注15にある附属書9-Aは、結論的に「外国人の待遇に関する国際慣習法上の最低基準とは、外国人の投資財産を保護するためのあらゆる国際慣習法上の原則をいう。」という旨の、短くて同義反復の、無意味なものでしかない。

　この条文のうち、具体性を持っていて明確なのは第2項（b）だけであり、その他は不明確な概念ばかりが並んでいる。とりわけ問題なのが「公正かつ衡平な待遇」であり、結局「裁判を受ける権利を否定しない」ことを「含む」ということだけが理解可能で、それ以上に何が含まれるのか全く規定がない。これは既存のBIT、FTA、EPA等でも同様であり、それゆえに仲裁廷はもっぱら自らの裁量で解釈を与えて、問題含みの裁定を多数下してきた（文献A：p.10によれば、アメリカの既存通商・投資協定下のISDSで外国投資家が勝訴したことが公知になっている29件のうち、22件が「待遇に関する最低基準」または「公正かつ衡平な待遇」違反を根拠としたものである）。USTR等はTPP協定では「待遇に関する最低基準」の濫用が抑止されていると主張しているが、果たしてどうか。

　1994年発効のNAFTAの相当条項（第1105条）には上記のうち第1項しかなく、2007年発効のドミニカ共和国・中米FTA（DR-CAFTA）第10.6条には第1項から第3項だけがある。そこで論点は、第4項、第5項の存在が同条の著しい不明確さを解消して、仲裁廷の裁量的解釈の余地を狭めたか、である。

　文言上は、投資受入国が投資家の期待（投資を行なった、あるいは行なうことを決断した時の規制や補助金等の政策がそのまま不変である、したがっ

てそれを前提とした投資利益や投資価値増殖が可能であるという「期待」）に反する行動をとる（例えば規制政策等を変更する）、あるいはとらない（例えば補助金等を支出しない）という事実「のみによっては」違反にならないとしている。しかしこれは、換言すればそのような「投資家の期待に反する」政府の行動という「事実」が「公正かつ衡平な待遇」違反を構成する重要な要素だということを、あらためて確認している意味でもある。

またUSTR等は第9.23条7の規定（NAFTA，DR-CAFTA，ともにない）を付加したことも、懸念払拭材料であるとしている。

第9.23条　仲裁の実施
7　投資家は、この節（引用者注：B節＝ISDS条項全体）の規定による請求（締約国が第9.6条（待遇に関する最低基準）の規定に違反した旨を主張する請求を含む。）を付託する場合には、国際的な仲裁について適用可能な国際法の一般原則に従い、自己の請求の全ての要素を立証する責任を負う。

しかしここでも「全ての要素を立証」という時、いかなる要素をどこまで示せば良いのかの基準が規定されていないので、結局どれだけやれば投資家が「立証責任」を果たしたかの判断は仲裁廷の裁量次第となっている。そして実際に多くの仲裁廷の共通した判断手法として、最小限の証拠だけでその「責任」が果たされたとみなしてきている（その一例が「アメリカTeco社対グァテマラ政府」ICSID＝投資紛争解決国際センター Case No.ARB/10/23。文献C：p.4)。それゆえに結局は、「投資家の期待に反した」という「事実」が、依然として政府の行為が「公正かつ衡平な待遇」（したがって「待遇に関する最低基準」）義務に違反しているかどうかの最大要素になったままなのである（文献C：p.5)。

前述の「Bilcon社対カナダ政府」もそのように「投資家の期待を裏切った」として「待遇に関する最低基準」違反と断定した事例だが、もうひとつだけ、「RDC社対グァテマラ政府」の事例を紹介しておく（ICSID Case No. ARB/07/23)。

（A）グァテマラ政府は1997年鉄道民営化に際して、アメリカRDC社が相

当額の投資をして全鉄道システムを5段階で再建する旨の契約を同社と結んだ。(B) しかし8年経過後、RDC社は第1段階を終えただけだったのでグァテマラ政府は契約見直しプロセスを開始し、RDC社が同国法を遵守していないと結論づけた。(C) このプロセスはRDC社に行政裁判所での意見陳述機会を与え、また同裁判所の判断に対し同国最高裁判所に上訴する権利も認めるものだった（つまり「正当な手続の原則に従った裁判を行うことを拒否」していない）。さらに同プロセスではそれまでも多くの国内企業が契約見直しを受けている（つまり内外差別的な制度ではない）。(D) にもかかわらず2007年にRDC社はこのプロセス自体が「間接収用」（後述）であり、かつDR-CAFTAの「内国民待遇」および「待遇に関する最低基準」違反だとしてISDS提訴し、2012年に仲裁廷は同社の主張を認め、「公正かつ衡平な待遇」においては「規制・政策が変わらないという外国投資家の期待を裏切らないことが保証されなければならない」として同義務違反を認定し、1,860万ドルの損害賠償支払を命じた（文献B：pp.12～13）。

つまりこの事例は、「外国投資家の期待に反した行動」という「事実」が「待遇に関する最低基準」違反を立派に構成することを示している。しかもDR-CAFTAにはTPP協定附属書9-Aと同内容の附属書10-Bが挿入されており、それはアメリカ政府も含む加盟国が仲裁廷による「待遇に関する最低基準」の裁量的拡大解釈予防を意図したものであるとされているから、TPP協定も「同じ運命」をたどる蓋然性があると言わざるをえない。

4. 日本政府の「懸念払拭説明」は妥当性を持つか

(1) 公共福祉目的の規制・政策はISDS対象外になるか

本章第1節において整理した日本政府による「ISDS懸念払拭説明」の第二の「根拠」に関する条文規定は、具体的には次の5つである（以下の第三以外は、外務省『概要』p.7）。

第一が、前掲第9.4条 内国民待遇の注14で二重下線を付した、締約国か

らの投資に対する区別が「内国民待遇」および「最恵国待遇」に違反しているか否かが、「公共の福祉に係る正当な目的にもとづいて」いるかを含めて判断されるという規定である。

しかしこれは前述当該部分で検討したように、何が「正当な目的」かの基準が何も与えられておらず、したがってその判断はあげて仲裁廷の裁量に委ねられるのであるから、公共福祉目的の規制諸政策をISDS対象外におく担保にはならない。

第二が、前掲**第9.6条　待遇に関する最低基準４**の波下線と二重下線を付した、「投資家の期待に反することのみでは違反を構成しない」旨の規定である。これも前述したように、かえって「投資家の期待に反すること」が「待遇に関する最低基準」違反を構成する重要な要素となることを再確認しており、かつ実際の仲裁廷でもそのような裁定がなされていたから、やはり担保にならない。

第三が、第9.16条の規定である（TPP政府対策本部『環太平洋パートナーシップ協定（TPP協定）の全章概要』2015年11月５日、p.33）。

第9.16条　投資及び環境、健康その他の規制上の目的
この章のいかなる規定も、締約国が自国の領域内の投資活動が環境、健康その他の規制上の目的に配慮した方法で行われることを確保するために適当と認める措置（この章の規定に適合するものに限る。）を採用し、維持し、又は強制することを妨げるものと解してはならない。（下線は引用者）

この条文は下線を引いた文言を入れたことによって、完全に無意味化した。というのは、これまで検討してきた「内国民待遇」や「待遇に関する最低基準」を含む第９章が課す全ての義務を満たしている場合にしかそのような「措置」の採用、維持、強制は許されないのだから、結局「内国民待遇」や「待遇に関する最低基準」その他の義務から、微塵も解放されない。「self-cancelling language＝自己否定文言」と揶揄される所以である（文献A：p.15）。なお同様の条文と「自己否定文言」が、NAFTA第1114.1条「環境上

の措置」、DR-CAFTA第10.11条「投資と環境」、米韓FTA第11.10条「投資と環境」などにあることからも、これが全くTPPに固有で目新しいものでもないことや、前述「Bilcon社対カナダ政府」仲裁事例等からしても、これまた担保にならないことがわかる。

第四が**附属書9-B　収用**第3項に含まれる次の規定である。

> (b) 公共の福祉に係る正当な目的（公衆の衛生（注37）、公共の安全及び環境等）を保護するために立案され、及び適用される締約国による差別的でない規制措置は、<u>極めて限られた場合を除くほか</u>、間接的な収用を構成しない。
>
> ....
>
> 注37：この（b）の規定の適用範囲を限定することなく、公衆の衛生を保護するための規制措置には、特に医薬品（生物学的製品を含む。）、診断技術、ワクチン、医療機器、遺伝子治療及び遺伝子技術、健康に関する補助具及び器具並びに血液及び血液に関連する製品の規制、価格の決定及び供給並びにこれらのものについての払戻しに関する措置を含む。（下線は引用者）

これは波下線部が最大の問題で、まず日本政府「仮訳」が余計な修飾語を付けている。すなわち原文はexcept in rare circumstancesであって、rareには何の強調副詞も付いていない。素直に訳出すれば「稀な諸情況を除くほか」となるものを、勝手に「極めて限られた」としており、何らかの意図があってのことと勘ぐられても仕方がない。

次に原語に即しても、「稀な諸情況」においては、これらの規制措置が間接的な収用を構成するという意味である。そしてここでもまた、何が「稀な諸情況」かは全く基準が示されていないから、もっぱら仲裁廷の裁量に委ねられることになり、担保にならない。付言すると、ウィキリークスによる2013年6月投資章リークテキストの相当箇所（附属書12-D収用）では、この「稀な」という但し書きがない提案（つまり「これらの規制措置は無条件に間接収用を構成しない」という提案）と但し書きがある提案とが併記されていたのが、合意テキストでは但し書き付きへと後退したのである（誰が何の

ためにそれを主導したかは、「交渉過程に関する全情報が発効後も4年間秘匿」という保秘契約のために闇の中である)。

　第五が、**第9.12条　適合しない措置２**にもとづく附属書Ⅱ、すなわち将来にわたって「内国民待遇」「最恵国待遇」「特定措置の履行要求（の禁止）」「経営幹部及び取締役会（外国企業経営幹部への特定国籍者任命要求の禁止）」が適用されない分野として「日本国の表　11」に掲載したことによって、「健康保険を含む社会事業サービスについては特別の留保がなされている」ことである。

附属書Ⅱの日本国の表２の11
分野　法の執行及び矯正に係るサービス並びに社会事業サービス
概要　（中略）公共の目的のために創設され、若しくは維持される社会事業サービス（所得に関する保障又は保険、社会保障又は社会保険、社会福祉、公衆のための訓練、保健、保育及び公営住宅）への投資又はこれらのサービスに係るサービスの提供に関する措置を採用し、又は維持する権利を留保する。

　刑務所等やここに掲げられた社会事業サービスを外国企業による自由な投資分野として開放し、その権益を保護する義務の適用外にするのはあまりにも当たり前の措置である。しかし上述附属書9-B第３項（b）で、「医薬品、診断技術、ワクチン、医療機器、遺伝子治療及び遺伝子技術、健康に関する補助具及び器具並びに血液及び血液に関連する製品の規制、価格の決定及び供給並びにこれらのものについての払戻しに関する措置を含む」ところの「公衆の衛生を保護するための規制措置」が、「稀な諸情況」では間接収用を構成すると規定されていることは、大きな懸念材料である。というのもこれらの措置が間接収用を構成する、したがってISDS訴訟の対象になり日本政府が敗訴する可能性があるということは、実体的には「健康保険を含む社会事業サービス」も無傷ではいられない可能性を意味するからである。

　最後に「正当な公共福祉目的のための政府行為」が直接の論点になった仲裁事例をひとつだけ挙げておく。それは「Azurix社対アルゼンチン政府」

であり（ICSID Case No. ARB/01/12）、(A) 1999年の水道民営化でアメリカAzurix社がブエノス・アイレス州250万人に対する水道供給・下水処理事業の30年間請負譲許を獲得した。(B) 2〜3ヶ月後から利用者により飲料水の異臭が指摘され、調査の結果当該水道用貯水池の藻類汚染が原因と判明した。(C) 正常な飲用水を確保する契約上の責任はAzurix社にあるとするアルゼンチン政府と、当該藻類問題の対処費用は政府が負担すべきとするAzurix社が対立した。(D) 翌年には断水が頻発し、にもかかわらず住民が過大な料金請求を受けたため政府はAzurix社に罰金を科したのに対し、同社が「水道料金値上げを認めなかったことと用水インフラに十分な公的投資をしなかった」のは「収用」および「公正かつ衡平な待遇」違反として両国BITでISDS訴訟した。(E) アルゼンチン政府の措置が「正当な公共利益のための行為」かどうかが論点となったが、仲裁廷は「当該措置が正当な公共利益のためかどうか」自体よりも、「損害賠償請求を招くほどであるにもかかわらず、なお正当な公共利益のためと言えるか」が問題だとした上で、(F) 当該措置は公正かつ衡平な待遇義務その他違反だとして1億6,500万ドルの損害賠償を命じた（文献B：p.12）。

この仲裁廷のロジックは、つまるところ「投資家の損害賠償請求を招くようなら、政府の措置が正当な公共福祉目的とは言えない」ということであり、「正当」の基準が協定に明示されていない以上、その解釈が仲裁廷の裁量任せになることを端的に示している。

以上から、政府による「公共福祉目的のための規制上の措置・行為はISDS対象から外れる」という「懸念払拭説明」の「根拠」は、いずれも協定条文内にそれを具体的に担保する規定が欠如しているためもっぱら仲裁廷の裁量に委ねられてしまっているか、さもなくばそもそも意味をなさないものと言わざるを得ない（健康保険等ですら無傷でいられない可能性をはらむ）。

（2）政府のいう「濫訴防止規定」は有効か

第1節において整理した日本政府による「ISDS懸念払拭説明」の第三の「根

拠」は、「先決」「公開」「時効」「懲罰禁止」の4つの規定が「濫訴防止」に役立つというものだった。それぞれ検討しよう。

①「先決」は**第9.23条　仲裁の実施**の第4項における規定を指す。

> 4　仲裁廷は、付託された請求が法律の問題として第9.29条（裁定）の規定により（引用者注：<u>損害賠償請求金または原状回復ないし両者の組み合わせという</u>）申立人に有利な裁定を下すことができる請求ではない旨又は<u>請求が明白に法的根拠を欠いている</u>旨の被申立人による異議について、先決問題として取り扱い、及び決定する。このことは、仲裁廷が他の異議、例えば<u>紛争が当該仲裁廷の権限の範囲外である旨の異議</u>（中略）を先決問題として取り扱う権限を害するものではない。（下線はいずれも引用者）

つまり訴訟を受けた投資受入国政府が下線部、二重下線部、波下線部の3種類の異議を申し立てた場合、それを当該政府の要請後150日以内に先決問題として裁定または決定するという規定である。しかしこのうち下線部と波下線部の規定はアメリカが結んでいるDR-CAFTA第10.20条第4項や米韓FTA11.20条第6項など既存通商投資協定に存在しており、また日本関係でも日本チリEPA第97条第1項には3種類全てが織り込まれている。要するにTPP協定に固有で目新しいものでは全くない。したがってまた、（少なくとも新たな）「濫訴防止規定」などではない。

②「公開」は**第9.24条　仲裁手続の透明性**における、訴訟を受けた国の政府が請求の「付託の意図の通知」「仲裁の通知」「一方の紛争当事者が仲裁廷に提出する主張書面、申述書及び準備書面」「非紛争締約国による協定の解釈についての意見書」「仲裁廷が紛争当事者との協議の上で考慮可能とされる<u>法廷助言者からの意見書</u>」「入手可能な場合には仲裁廷の審理の議事録又は記録」「仲裁廷の命令、裁定及び決定」を、非紛争締約国に対して速やかに送付し、かつ「公に入手可能なものとする」（開示する）という規定を指す。

しかし以上はあくまで原則であって、どちらかの紛争当事者が「保護される情報」と指定したものは開示されない、あるいは保護される情報を除去した編集版しか開示されない。また同内容の規定がDR-CAFTA第10.21条や米

韓FTA第11.21条にもあり、これまたTPP協定の「専売特許」でも何でもない。

なお「透明性」という意味では、訴訟を受けた国の国民や当該事案の対象地域住民などが仲裁に何らかの形で参加できるということが、重要な意味を持つはずである（被申立国政府がその国民や対象地域住民の利益を真に代弁して仲裁を進めるかどうかは、保証の限りではない）。ところが上記下線を付した「法廷助言者」とは、「当該仲裁の手続において重大な利害関係を有する紛争当事者でない者又は団体」に限定されているので、そうした国民・地域住民の意見書その他の見解が反映される径路は、初めから遮断されているのである。

③「時効」は**第9.21条　各締約国の同意に関する条件及び制限**の第1項が、「仲裁への請求の付託は、申立人が第9章A節の諸義務、投資の許可、投資に関する合意への違反が発生したこと」および「申立人が損失又は損害を被ったことを知った、又は知るべきであった最初の日から3年6箇月が経過した場合には、行われない」と規定しているものである。

「時効」という考え方自体がTPP協定に固有で新しいものでは全くないばかりか、3年半の「時効」期間も、NAFTAが3年（第1116条2）、DR-CAFTAが3年（第10.18条）、米韓FTAが3年（第11.18条1）、日本タイEPAが2年（第106条6）、日本チリEPAが3年（第91条1）であり、それに比して長い部類に属する（日本スイスEPAの5年（第94条5）のようにさらに長いものもないではないが）。つまり投資家の訴訟機会をより長く保障しているのであって、むしろ後退である。

④は**第9.29条　裁定**の第6項が「仲裁廷は、懲罰的損害賠償の支払を命ずる裁定を下してはならない」と規定していることを指す。

しかしこれまたNAFTA第1135条3、DR-CAFTA第10.26条3、米韓FTA第11.26条4など既存の通商投資協定にあるのと同じ規定で、何ら新しくない。そしていずれにも共通するが、何をもって（どの程度の金額になったときに）「懲罰的損害賠償」なのかについて何の基準も存在しないので、これまた仲裁廷の裁量に委ねられることになる。つまり**第9.8条　収用及び補償**の第2

項（b）が「収用に対する補償」について「収用が行われた時の直前における収用された投資財産の公正な市場価格に相当するものであること」とし、あるいは**第9.29条　裁定**の第2項が「締約国の投資家は、（中略）投資家として被った損失又は損害のみを回復することができる」としながら、「公正な市場価格に相当するもの」や「被った損失又は損害」の水準に関して何らの具体的基準を与えておらず、したがって一種の「青天井」になってしまっていることが問題である。

　この問題を信じがたいほど端的に表現している仲裁事例が、「TCWグループ対ドミニカ共和国政府」であろう（UNCITRALへの申立であるが、「和解」につき仲裁廷紛争記録番号はない）。(A) アメリカの投資運営会社TCWは、2004年にドミニカ共和国の送電会社に対する一部所有権（他は同政府が所有）を別のアメリカ投資家からたった2ドルで買収した。(B) 同国政府は全国的エネルギー危機緩和対策のために、同送電会社による電気料金値上げも料金への政府補助も実施しないと決定した（補助については、金融危機対応による銀行救済のために莫大な財政支出をした直後で不可能だったと、ニューヨークタイムス紙が論評していた）。(C) これに対してTCWは、この政府決定がDR-CAFTA発行前に行なわれたにも拘わらず同協定の「公正かつ衡平な待遇」違反としてISDS提訴し、6億600万ドルの損害賠償を請求した。またTCWのフランス親会社も仏ドミニカ共和国BITの下で同様のISDS提訴を行なった。ちなみにTCWは同所有権買収後、自社では全く投資をしていないことを認めていた。(D) 結局同国政府はこれらの提訴を取り下げる代償として2,650万ドルを支払う和解に応じた（文献B：p.13）。

　要するに、TCWは2ドルしか投資していない（しかも協定発効前）のに、その「損失」と称して6億600万ドルの賠償を請求し、結果的にも2,650万ドルを獲得したわけである。

　ISDS訴訟における損害賠償請求や仲裁廷による支払命令は、「将来に期待される利益」まで「損害」に含めるのが常道であるが、それも含めて「収用された投資財産の公正な市場価格に相当するもの」「投資家として被った損

失又は損害のみ」「懲罰的賠償命令禁止」との規定が、協定文言上だけでなく実体的にも有名無実化していると考えざるを得ない。「懲罰禁止」が「濫訴防止規定」なら、TCWがかかる驚愕の損害賠償請求ISDS訴訟を起こせるはずがないし、また「防止」になどなっていないからこそ実投資額の1,325万倍もの「和解金」（「エビで海底油田を釣る」「濡れ手に金塊」）を獲得できたのではないか。

(3) 仲裁廷の「公平性」「中立性」が確保されるか

外務省『概要』は、「TPP協定における公平性・中立性確保の仕組み」と題して、次の3点を挙げている（同p.5）。

第一が、「仲裁廷の構成」で、仲裁人は申立人と被申立人がそれぞれ1名ずつ任命し、仲裁廷の長となる第3の仲裁人は紛争当事者双方の合意で任命される、その長は原則として両当事者の国の国民であってはならないという、**第9.22条　仲裁人の選定**の第1～第3項の規定である。

第二が、既に検討した、**第9.24条　仲裁手続の透明性**にもとづく「公開」であるが、これについてはその限界を指摘したのでここでは繰り返さない。

第三が、第9.22条第6項が仲裁人行動規範指針を制定するとしている次の条文である。

> 6　締約国は、この協定の効力発生の前に、(中略)仲裁人に対する<u>第28章（紛争解決）の規定に基づく紛争解決手続のための行動規範を適用するための指針</u>（投資家と国との間の紛争解決の文脈に適合するために必要な当該行動規範の修正を含む。）を定める。締約国は、また、<u>国際的な仲裁における利益相反に関する他の関連する規則又は指針</u>の適用についての指針を定める。仲裁人は、仲裁人の独立性及び公平性に関する適用される仲裁規則に加え、これらの指針に従う。（下線は引用者）

下線部中の「行動規範」とは国家間紛争解決のためのパネル構成員の必須資格のひとつとしてその遵守を定めている「手続規則に定める行動規範」であり（**第28.10条　パネルの構成員の資格**第1項（d））、その「手続規則」と

は、第27章で設置が規定されている環太平洋パートナーシップ委員会が、国家間紛争解決のために定めることとされている「**第28.13条　パネルの手続規則**」を指す。ただしこの第28.13条には「行動規範」の文言もそのあるべき内容についても、全く言及がない。

　まず第一の、仲裁人の構成の規定は、ISDSシステムの起源である1965年「国家と他の国家の国民との間の投資紛争の解決に関する条約」（略称ICSID条約）の規定と実質的に何ら変わらない。すなわち同条約第39条は「仲裁人の過半数は、両紛争当事者の国以外の国の国民でなければならない」旨規定している。申立人と被申立人がそれぞれ自国の国民を仲裁人に任命すれば、第3の「長」となる仲裁人は自動的に両国以外の国の国民でしかありえないからである。したがってTPP協定のこの規定は50年前から事実上全く変わっていないのであり、この間の仲裁人の公正性や中立性に対する数多くの懸念や批判に新たに応える内容を何ら含んでいない。

　むしろ仲裁廷の「長」たる仲裁人が紛争当事者、とりわけ申立人（つまり多国籍企業）の国籍とは異なる国の国民であることが当該仲裁人の「公正性」「中立性」の担保になると考えているのだとしたら、多国籍企業全盛時代における投資家と国民国家の関係に関する、恐ろしく時代遅れな認識としか言いようがない。

　次に第二の、「仲裁人の行動規範」および「その適用指針」であるが、条文から直ちにわかるようにこの最終合意協定自体には、まだ影も形も存在しておらず、「協定発効までに」作成すればよいものである。ということは各国の国民も国会議員もその内容を、したがって仲裁人の公正性や中立性が担保されるのかどうかを一切知らされないまま、TPP協定の検討、精査、審議、承認の可否判断をせざるを得ないのである。またそのような行動規範や適用指針の作成過程も基本的にTPP委員会が仕切るのだから、その過程へコミットする機会も何ら担保さされていない。このような内容も過程も丸ごと「白紙委任」させるような「仕組み」は、民主主義の真逆に位置すると言うしかない（これ自体が「国の主権を損なう」）。

なお上記条文の二重下線部にある「他の関連する規則又は指針」のひとつとして、国際法曹協会（The International Bar Association, IBA）の作業部会が作成して同理事会が2004年に承認した、『国際仲裁における利益相反に関するIBAガイドライン』（日本仲裁人協会による日本語訳）を参照すると、まず「仲裁人は、不偏または独立であるという自らの能力について何らかの疑いを抱くのであれば、（引用者注：仲裁人としての）選定の受諾を辞退」することを大原則としている。その上で、紛争当事者が仲裁人に利益相反があって選定に適当かどうか、忌避を求めるべきどうかを判断するための、仲裁人と紛争当事者との利益関係等、およびそれについての情報を開示すべきかどうかを、分類して例示している。

ごく一部を紹介すると、紛争当事者が仮によしとしても仲裁人になることが許されない、もっとも深刻な利益相反事情を有する「放棄不可能なレッド・リスト」には、「仲裁人が一方の当事者の役員や監査機関の構成員、それに類する管理上の影響力を有する」「仲裁人が一方の当事者または事件の結果について、重大な財務上の利害を有する」「仲裁人が自らを選定した当事者に定期的に助言し、重大な収入を得ている」等がある。

深刻な利益相反事情があるが全ての当事者がそれを理解した上で同意すれば仲裁人になることが許される「放棄可能なレッド・リスト」には、「仲裁人が、一方の当事者の代理人と同じ法律事務所の弁護士である」「仲裁人の法律事務所が、過去に当該事件に関わった」「仲裁人が一方の当事者との間で重大な商業上の関係を有する」「仲裁人が自らを選定した当事者に定期的に助言しているが、重大な収入は得ていない」等がある。

仲裁人の不偏または独立についての正当な疑いをもたらす可能性があり、したがってそれを開示する責務が生じる事情である「オレンジ・リスト」には、「仲裁人が過去３年以内に、別の事件で一方の当事者の相手方の代理人を務めた」「仲裁人が過去３年以内に、一方の当事者から２回以上仲裁人に選定された」「仲裁人の法律事務所が現在、一方の当事者に役務を提供している」「仲裁人またはその事務所が、日常的に一方の当事者を代理している

が現在の紛争には関与していない」「仲裁人と他の仲裁人とが同じ法律事務所の弁護士である」等がある（以上、『IBAガイドライン』pp.15～16）。

　以上に例示されたような仲裁人と紛争当事者との「関係」「事情」は、程度の差はあれ仲裁人の公正性や中立性に深刻な影響、すくなくともその懸念を抱かせるものばかりである。あえてこのような『ガイドライン』を作成しなくてはならないこと自体が、まさに「利益相反が、国際仲裁において、ますます問題になってきている」（『IBAガイドライン』p.1）ことの証左にほかならない。

　そしてこのような利益相反が起こるのには、仲裁人やそれが所属する法律事務所とISDSシステムの関係における構造的な背景がある。一言でいえば「ISDSビジネス」が成立しているのである。その点を明るみに出した秀逸なレポート、Eberhardt, Pia and Cecilia Olivet et al.（2012）, *Profiting from Injustice: How law firms, arbitrators and financiers are fuelling an investment arbitration boom*（Corporate Europe Observatory and the Transnational Institute, http://corporateeurope.org/sites/default/files/publications/profiting-from-injustice.pdf。以下『レポート』）から、ごく簡単に紹介しよう。

　第一に、ごく限られた少数の巨大法律事務所と「有力」弁護士がISDS仲裁人の多くを占めるという、いわば「寡占産業」になっている。国連貿易開発会議UNCTADが把握した2011年までの累積ISDS訴訟件数は450であるが（UNCTAD International Investment Agreement Issue Note No. 1, 2012, *Latest Developments in Investor-State Dispute Settlement*）、同レポートが法律事務所自身の2011年時点の公表情報から集計したところによると、仲裁関与件数が最大の法律事務所が71件（450件に対して16％）、上位3法律事務所が130件（29％）、上位10法律事務所が221件（49％）、そして上位20法律事務所で320件以上（71％）を担当しているのである（『レポート』p.20。「以上」というのは複数の法律事務所が正確な件数を与えないから）。

　また弁護士個人に即しても、仲裁担当件数最多の弁護士はたった1人で39件、上位5人で160件、上位15人で331件（上記450件に対して74％）を担当し、

247件の裁定を下した（同55％）（『レポート』pp.38～41）。

　第二に、このようにISDS訴訟で「活躍」する弁護士や法律事務所が、他方で投資協定や投資条項をもつ通商協定等にISDS条項、しかも前述した広範囲な「投資」概念（「投資の許可」「投資に関する合意」含む）や「待遇に関する最低基準」「公正かつ衡平な待遇」といった不明確ゆえに仲裁廷の裁量的解釈を可能にする条項を挿入したり条項草案を作成するために、関係国政府の交渉団、アドバイザーや証人として活動している。またアメリカのUSTR幹部や大統領顧問になったりし（『レポート』pp.28～29、pp.44～45など）、日常的に多国籍企業や医薬品産業界団体の顧問や相談役としても活動する。

　第三に、これら弁護士や法律事務所は、多々の弊害をもたらし批判を浴びるこのようなISDSシステムの改革の動きが出ると、関係国政府や議会に対するロビイストや国際法専門ジャーナル編集者として、それを妨害する活動も行なう（『レポート』pp.28～30）。

　要するに、少数・有力なISDS専門法律事務所・弁護士達が、多国籍企業とその本国になっている政府との間での「回転ドア」（それぞれの重要役職を往来すること）を含めて固有のコミュニティ（「ISDSムラ」）を構築しており、ISDS条項入り協定の作成、ISDS訴訟の多発、仲裁人報酬（仲裁費用１件平均800万ドル超、仲裁人報酬は高ければ時給1,000ドル超。『レポート』p.15）の獲得と損害賠償金の山分け、多国籍企業の対外投資権益の強力な保護を行なうという、マッチポンプ構造が出来上がっているのである。

　したがって仲裁人の利益相反は、単なる「行動規範（その指針）」や「倫理規定」を作成してそれに「従う」ことを求めようという対症療法（仮に内実ある「行動規範」等が作成されたとしても）では克服できず、この構造自体を改革しなければならないのである。

　以上からすると、TPP協定が「仲裁廷の公平性・中立性確保の仕組み」を有している、そのためにも具体的手段（「仲裁人の行動規範」）を作成することを約束している、だから懸念は不要という日本政府説明は、そのような「仕組み」が「利益相反」の防止に効果を発揮できてこなかった「50年１日」の

錆び付いた規定の域を出ない、具体的手段の内容抜きに各国での承認を迫る反民主主義的プロセス（それ自体が国の主権を損なう）、仲裁廷の公平性・中立性を侵害してきた構造に手をつけないという幾重もの意味で、説得力や合理性を欠くものと言わざるを得ない。

5．結論

ここまでの検討で以下の諸点が明らかになった。

第一に、TPP協定はISDS訴訟の対象になりうる「投資」の概念を非常に広く定義しており、さらに「投資の許可」や「投資に関する合意」も対象に加えている。

第二に、それらに対して投資受入国政府が守るべき義務、とりわけ「内国民待遇」や「待遇に関する最低基準」なるものは、著しく不明確な条文で「規定」されており、したがってその解釈はもっぱら仲裁廷の裁量に委ねられざるを得ない。

第三に、政府による「懸念払拭説明」のうち、まず「公共福祉目的のための規制上の措置・行為をISDS対象から外す」とする条文規定は、条文それ自体としても、また既存のBIT、FTA、EPA等におけるISDS仲裁廷の裁定結果等から見ても、「外す」ことを担保するとは言えない。

第四に、同じく「先決」「公開」「時効」「懲罰禁止」の諸規定はどれも既存協定類に存在するものだから、これまで「濫訴」とされてきた訴訟を「防止」するとは言えない。

第五に、TPP協定は「仲裁廷の公平性・中立性確保の仕組み」を、内容、仕組み作成プロセス、構造問題への対処のいずれの側面から見ても、「確保」しているとは言えない。

したがって、ISDS条項への各国市民の「懸念」「批判」は依然として払拭されておらず、このまま「承認」し「発効」させることは、極めて危険と言わざるを得ない。

第7章
日本農業の現段階とTPP
──2015年農業センサス──

江川　章

1．課題と構成

　2015年12月に発表されたTPPの経済効果分析（内閣官房TPP政府対策本部「TPP協定の経済効果分析」）によれば、TPPが発効し、その効果により新たな成長経路に移行した時点で、実質GDPは2.6％増（2014年度のGDP水準の換算で約14兆円）の拡大効果が見込めるという。この試算のなかで農林水産分野をみると、関税削減等の影響で価格が低下し、約1,300億円〜2,100億円の生産額が減少すると予測されている。
　こうした農林水産分野への影響を踏まえ、政府は「総合的なTPP関連政策大綱」（2015年11月）を示し、「攻めの農林水産業への転換」、「経営安定・安定供給への備え」といった対策を農林水産分野の二本柱に据えて実施する予定である。そのためにTPP関連の対策費として3,000億円を超える補正予算（2015年度）を組み、2016年度予算も含め矢継ぎ早の対策を打ち出している。
　しかし、これら諸対策は品目別の経営政策が主となっており、農業構造全体を見据えた議論とはなっていない。そこで、本章では2015年11月に公表された「2015年農林業センサス結果の概要（概数値）」を用いて農家や農地、労働力等の動向を分析し、日本農業の構造変化を検討することを目的とする。いわば、足もとの日本農業の構造分析を通じて、TPPの問題を考察するものである。

本章の構成は、まず２で農業センサスからみた長期的な農業構造と主要農業指標を分析し、近年の構造変化の特徴を示している。次に３では農業の担い手（農家と大規模経営体）と農地の動向を検討し、担い手への農地集積や農地利用の状況について言及する。４では農業労働力として基幹的農業従事者に着目し、男女年齢別のコーホート変化から従事状況の特徴を明らかにする。最後に５では、センサス分析を踏まえた構造変化の方向性を提示したうえで、TPPが農業構造に及ぼす問題を示す。

　以下では分析を進めるが、考察に先立って２点言及しておきたい。１点目は、既往の農業センサス分析についてである。これまで、５年ごとに出される農業センサスに合わせて多くの分析が行われてきた[1]。前回の2010年農業センサスを分析した研究では、販売農家の減少率の高まりに加え、農業労働力の減少と高齢化が一層進むなか、一方では経営耕地面積の減少率の鈍化のもとで農地流動化が進展し、大規模経営体が形成される動きが観測されている[2]。いわば、「農業脆弱化の深化」と「構造再編の進展」が併行して起きているのである。構造再編の進展に大きく貢献したのは、経営所得安定対策（当時は品目横断的経営所得安定対策）を受けて各地で設立された集落営農組織であり、これが販売農家や農業労働力、経営耕地面積、農地集積等の動向に作用して、水田農業構造に大きな影響を及ぼしていることが明らかにされている[3] こうした特徴を有する農業構造が、５年後の2015年農業センサスでどのように変化しているのかを本章では重点的に検討している。

　２点目は、2015年農業センサスデータの性格をめぐる問題である。本章で取り扱う2015年農業センサスのデータは概数値である。したがって、追って

---

(1) 2000年の農業センサス以降の研究成果としては、2000年センサスでは生源寺編著（2002年）、橋詰・千葉編著（2003年）、2005年センサスでは小田切編著（2008年）、2010年センサスでは安藤編著（2013年）や農林水産政策研究所（2013年）が挙げられる。
(2) 安藤編著（2013年）の１〜27ページ。
(3) 農林水産政策研究所（2013年）の168ページ。

公表される確報値とは数値が異なる可能性がある。また、概数値段階では、農地にかかわるデータは耕作放棄地を除いて農業経営体（家族経営体＋組織経営体）を対象としたものであり、さらに農林業経営体分類や農業経営部門別に関する統計、農業経営体の抽出集計等は本章の報告段階では、まだ公表されていない。農家を対象とした農地統計や詳細統計は取り扱うことができないため、本章では主要項目（農家、農地、農業労働力等）ごとの地域別分析に力点を置いている。

2．農業センサスからみた構造変化の特徴

（1）農家・農地の長期的減少と構造変化

これまで日本農業は、農家戸数と農地面積がともに長期的に減少するという変化を辿ってきた。この四半世紀（1990年代以降）の動きをみると、農地面積の減少速度を上回るかたちで農家戸数が減少しており、農地資源総量が縮小するなかで構造変化が進んできたといえる。

こうした農家と農地との関係を示したものが図7-1である。ここでは、総農家数の減少率を横軸、経営耕地面積の減少率を縦軸にとり、両者の関係を1990年から2015年までの5年ごとの変化で表している[4]。この間、総農家数、経営耕地面積はいずれも減少しているものの、北海道、都府県とも総農家数の方が経営耕地面積よりも減少率が高いこと（45度線の左上方の位置にあること）から、総じて規模拡大的な構造変化が起きていることが確認できる。

---

(4) 農家数減少と農地面積減少を関連づけて分析した主な研究成果は、田畑「1990年代の農業構造」農業総合研究所『農業総合研究』第51巻第4号、1997年、井上裕之「農地の所有と利用の構造変化」生源寺編著（2002年）、小野智昭「農業構造の変化と農地利用」橋詰登・千葉修編著（2003年）、細山隆夫「農地利用の変化と担い手の実態」小田切編著（2008年）、杉戸克裕「農地供給層（中小零細規模農家・土地持ち非農家）の動向」農林水産政策研究所（2013年）がある。

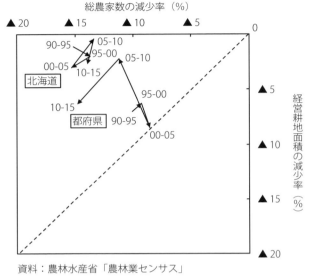

図7-1　農家減少と農地減少との関係（北海道・都府県）

資料：農林水産省「農林業センサス」

　ただし、その程度や進行過程には北海道と都府県では違いがみられる。北海道では1990年から2015年に至るまで、総農家数の減少率（13〜15％）が経営耕地面積の減少率（1〜3％）を大きく上回っていることから、急速な構造変化が起きていることがわかる。それに対して、都府県では05-10年にはいったん構造再編的な動きがみられたものの、10-15年になると一転して総農家数、経営耕地面積とも減少率が高まっている。

　さらに、都府県の動向を地域ブロック別にみると（**図7-2**）、ほぼすべての地域ブロックで10-15年に総農家数、経営耕地面積の減少幅が拡大しており、なかでも四国では両指標とも減少率が10％を超える高さにある。2010年から2015年にかけては、農業の衰退的側面が都府県を中心に再び強くなったといえるだろう。

図7-2 農家減少と農地減少との関係（都府県の地域ブロック）

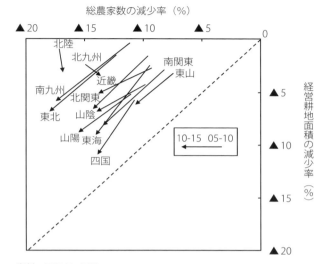

資料：図7-1に同じ。
注：沖縄は掲載していない。

（2）農業構造にかかわる主要指標の動向

表7-1は、2000年以降の農業経営体・農家・農地・農業労働力の動向を示したものである。この間の動きから以下のような特徴を指摘することができる。第1に、農業経営体の動向では、家族経営体の減少と組織経営体の増加という対照的な動きがみられる。家族経営体は減少率を高めながら推移しており、それが大宗を占める農業経営体も同様の動きを示している。それに対して、組織経営体は増加傾向にあり、なかでも法人経営の増加率が23.1％（05-10年）から33.6％（10-15年）へと上昇している。組織経営体を構成する農家以外の農業事業体が伸長するとともに、その法人化が進展していることがわかる。

第2に、農家構成や土地持ち非農家の動向に、これまでとは異なる変化が起きていることである。2010年までは販売農家が減少する一方で、自給的農

表 7-1 経営体・農家・農地・労働力の推移（1990 年～2015 年）

区分	実数（万経営体・万戸・万 ha・万人）				増減率（%）		
	2000 年	2005 年	2010 年	2015 年	00-05 年	05-10 年	10-15 年
農業経営体	-	200.9	167.9	137.5	-	▲16.4	▲18.1
家族経営体	-	198.1	164.8	134.2	-	▲16.8	▲18.6
組織経営体	-	2.8	3.1	3.3	-	10.4	6.3
法人（家族）	-	0.5	0.5	0.4	-	▲13.5	▲5.0
法人（組織）	-	1.4	1.7	2.3	-	23.1	33.6
総農家	312.0	284.8	252.8	215.3	▲8.7	▲11.2	▲14.8
販売農家	233.7	196.3	163.1	132.7	▲16.0	▲16.9	▲18.7
自給的農家	78.3	88.5	89.7	82.6	12.9	1.4	▲7.9
土地持ち非農家	109.7	120.1	137.4	141.3	9.5	14.4	2.9
経営耕地面積	396.7	369.3	363.2	344.1	▲6.9	▲1.7	▲5.3
借入耕地面積	67.2	82.4	106.3	116.2	22.7	28.9	9.3
耕作放棄地	34.3	38.6	39.6	42.4	12.5	2.6	7.1
農業従事者	685.6	556.2	453.6	338.9	▲18.9	▲18.4	▲25.3
農業就業人口	389.1	335.3	260.6	209.0	▲13.8	▲22.3	▲19.8
基幹的農業従事者	240.0	224.1	205.1	176.8	▲6.6	▲8.4	▲13.8

資料：図 7-1 に同じ。
注：経営耕地面積および借入耕地面積は農業経営体を対象。2000 年の数値は販売農家＋農家以外の農業事業体の計。

家や土地持ち非農家が増加する傾向がみられた。それが2015年になると、販売農家は引き続き減少しているものの、合わせて自給的農家も減少し始めたのである。また、土地持ち非農家も増加幅が縮小し、その増加率は05-10年の14.4％から10-15年の2.9％へと低下している。こうした変化の背景には、販売農家から落層した農家が統計対象として把握されていないことが考えられる。経営耕地面積や農産物販売額が縮小しても、対象農家が在村していれば自給的農家や土地持ち非農家としてカウントされるが、統計の対象期間に死亡や離農により不在となれば、対象農家は統計上では捕捉されないケースがある[5]。10-15年における自給的農家の減少や土地持ち非農家の増加率の低下は、規模縮小農家や離農農家（土地持ち非農家）が不在村化していることを示しているのではないだろうか。

---

(5) 農村不在の土地持ち非農家の実態については、下地幾雄「土地持ち非農家の農地の所有・管理に関する意識」全国農地保有合理化協会『土地と農業』No.25、1995年が詳しく分析している。

第3に、農地では後退的局面がみられるようになったことが挙げられる。05-10年までは、借入耕地面積の増加率は耕作放棄地面積のそれを大きく上回りながら推移していた。しかし、10-15年になると借入耕地面積の増加率に歯止めがかかる一方で、耕作放棄地面積の増加率が上昇している。農地流動化のスピードが鈍化し、農地潰廃化の側面が強まったといえるだろう。この結果、経営耕地面積の減少率は1.7％（05-10年）から5.3％（10-15年）へと高まっている。

　第4に、農業労働力では農業従事者の減少が続くなかでも、とりわけ仕事として農業労働に従事する基幹的農業従事者の減少率が上昇していることである。これまで1桁台であった基幹的農業従事者の減少率は10-15年では13.8％に高まり、実数ベースでも2015年には200万人を切って176.8万人となっている。また、農業労働にかかわる農業従事者や、他産業従事よりも農業労働従事の方が多い農業就業人口でも総じて減少率が高まり、いずれも20％前後の減少率となっている。また、後述するように農業労働力の高齢化が進行していることも特徴として挙げられる。

　以上のように、農業構造にかかわる主要指標の動向を概観すれば、2015年では農家やその労働力が不足基調になるとともに、農地利用においてもマイナス面が出始めている。上記（1）で指摘したように、日本農業の構造に衰退的な性格がみられるようになったといえるだろう。

3．農家と経営耕地面積の動向

(1) 農家の動向

　表7-2は前掲表7-1でみた農家数の増減率の推移を地域ブロック別に示したものである。前述したように、全国ベースでは総農家を構成する販売農家の減少率が高まっている。同様の傾向は地域ブロック別にみても確認することができ、なかでも東北や北陸、東海では10-15年の販売農家の減少率は20％を超えている。一方の自給的農家では総じて00-05年から05-10年にかけ

表 7-2　地域ブロック別にみた農家および土地持ち非農家の増減率の推移

区分	総農家			販売農家		
	00-05 年	05-10 年	10-15 年	00-05 年	05-10 年	10-15 年
北海道	▲15.4	▲13.4	▲14.0	▲17.0	▲15.3	▲14.4
東北	▲8.6	▲12.3	▲18.1	▲12.9	▲17.7	▲21.5
北陸	▲11.1	▲17.2	▲16.9	▲16.9	▲22.8	▲20.4
北関東	▲8.3	▲9.6	▲14.3	▲17.1	▲16.0	▲18.9
南関東	▲8.0	▲8.2	▲13.5	▲16.3	▲13.9	▲18.1
東山	▲6.8	▲7.5	▲10.8	▲16.8	▲15.6	▲16.3
東海	▲8.0	▲9.5	▲14.1	▲19.3	▲16.7	▲20.6
近畿	▲8.2	▲9.4	▲13.8	▲15.8	▲13.5	▲16.9
山陰	▲9.1	▲9.9	▲14.0	▲16.7	▲15.8	▲18.8
山陽	▲9.9	▲11.1	▲15.6	▲18.3	▲16.7	▲19.9
四国	▲8.0	▲10.8	▲14.0	▲15.7	▲15.0	▲17.9
北九州	▲7.6	▲15.0	▲13.6	▲14.1	▲21.0	▲15.5
南九州	▲9.6	▲11.2	▲17.5	▲16.7	▲14.2	▲18.1
沖縄	▲11.3	▲10.3	▲7.0	▲14.6	▲11.8	▲5.8

資料：図 7-1 に同じ。

て増加率が低下し、さらに10-15年にはその数が減少に転じるようになった。地域ブロック別にみると、自給的農家の減少は西日本では05-10年から起きており、それが10-15年には全国に拡大している。特に北海道や南九州において、10-15年の自給的農家の減少が激しく、減少率は10％超える高さにある。

　総農家を構成する販売農家や自給的農家の減少が進むなかで、土地持ち非農家の動向をみると、その増加率は全国で00-05年から05-10年にかけて高まったが、10-15年になると鈍化している（前掲**表7-1**）。地域ブロック別にみても同様の傾向を示しており、なかでも北海道や南関東、四国、北九州、南九州、沖縄では10-15年には土地持ち非農家が減少し始めている。

　これまで総農家（販売農家、自給的農家）と土地持ち非農家では、前者の減少と後者の増加という関係がみられた。統計上では離農農家が土地持ち非農家としてカウントされる場合が多いからである。しかし、10-15年には離農農家の不在村化という動きが表れていることから、総農家と土地持ち非農家との間の関係に変化が生じていることが予想される。そこで、総農家の増減と土地持ち非農家の増減を地域ブロック別の散布図で示したものが**図7-3**

第 7 章　日本農業の現段階と TPP（江川　章）　　171

(単位：%)

自給的農家			土地持ち非農家		
00-05 年	05-10 年	10-15 年	00-05 年	05-10 年	10-15 年
▲1.5	0.5	▲11.3	25.9	16.4	▲7.1
13.8	9.3	▲7.7	18.6	26.6	9.4
14.8	0.8	▲8.3	15.9	22.7	7.3
26.5	6.9	▲5.0	15.1	15.9	6.9
17.1	4.1	▲5.3	8.8	9.8	▲0.0
12.0	3.9	▲4.5	8.2	9.5	1.2
15.7	1.0	▲6.2	6.9	9.6	4.6
7.5	▲2.6	▲9.4	12.1	11.9	6.5
13.5	2.9	▲5.6	10.7	14.8	2.5
7.6	▲2.3	▲9.8	9.9	9.7	0.1
11.3	▲2.9	▲7.4	5.8	6.9	▲3.3
15.3	0.7	▲9.8	1.8	16.8	▲2.0
6.6	▲5.8	▲16.5	▲2.7	5.5	▲6.0
▲2.0	▲6.4	▲9.7	▲3.6	5.0	▲17.8

図7-3　総農家数の変化率と土地持ち非農家数の変化率との関係

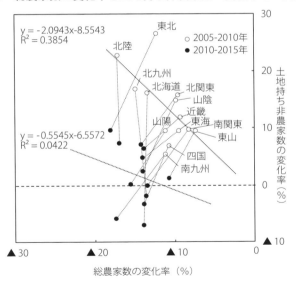

資料：図7-1に同じ。

である。05-10年では、土地持ち非農家数の増加と総農家数の減少との間には関係がみられるが、10-15年になると両者の関係性が崩れていることが確認できる。この間、北海道や南九州をはじめとする複数の地域ブロックで土地持ち非農家が減少していることが影響している。

(2) 大規模経営体の形成と農地集積

図7-4、図7-5は経営耕地面積別にみた農業経営体（家族経営体＋組織経営体）の増減率を北海道と都府県で示したものである。まず北海道では、05-10年には50～100ha層と100ha以上層において農業経営体の増加がみられたが、10-15年には100ha以上層のみが増加している（図7-4）。この間、農業経営体の増減分岐点が50haから100haへ上昇したことがわかる。これに対して、都府県では05-10年および10-15年とも、5ha以上層の農業経営体が増加し、それ以下の層は減少していることから、増減分岐点が5haという点は変わらない（図7-5）。ただし、都府県においては5ha以上のいずれの階層でも05-10年に比べて10-15年では増加率が大幅に低下している。経営所得安定対策のもとで05-10年に急増した集落営農組織設立の影響により、同期間に5ha以上層の大幅な増加があったが、その設立の増加が落ち着いたことが10-15年に表れていると考える。

さらに、大規模経営体の形成に関して、地域ブロック別にみたものが表7-3である。ここでは増減分岐点を考慮して、北海道では50ha以上層と100ha以上層、都府県では5ha以上層と10ha以上層の動向を示している。前述したように、北海道では10-15年には100ha以上層のみが増加しており、その増加率は27.1％となっている。ただし、2015年の構成比でみると、50ha以上層の14.1％に比して100ha以上層は2.9％と低い。

他方、都府県における5ha以上層の増加率は、05-10年の22.5％から9.8％へと低下している（都府県計）。この傾向はいずれの地域ブロックでもみられるが、南関東や近畿、四国では10-15年の増加率は20％を超える水準にある。こうしたなか、5ha以上層の構成比は都府県計で2.8％（2005年）から4.2％

第7章 日本農業の現段階とTPP（江川 章） 173

図7-4 経営耕地面積規模別にみた農業経営体の増減率（北海道）

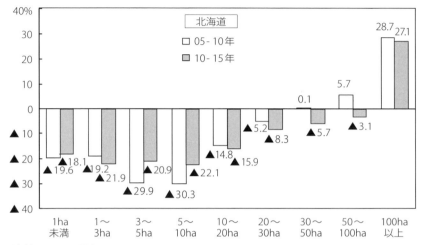

資料：図7-1に同じ。

図7-5 経営耕地面積規模別にみた農業経営体の増減率（都府県）

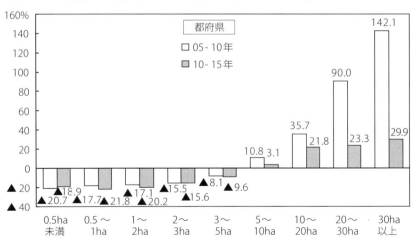

資料：図7-1に同じ。

表7-3 大規模経営体の推移（農業経営体）

区分	5ha以上層（50ha以上層）							
	実数			増減率		構成比		
	2005年	2010年	2015年	05-10年	10-15年	2005年	2010年	2015年
北海道	4,438	4,692	4,546	5.7	▲3.1	9.4	12.0	14.1
都府県	55,371	67,808	74,485	22.5	9.8	2.8	4.2	5.6
東北	21,889	24,581	25,731	12.3	4.7	5.8	7.8	10.4
北陸	6,713	8,702	9,680	29.6	11.2	4.1	6.8	9.4
北関東	6,879	8,423	9,251	22.4	9.8	3.8	5.5	7.4
南関東	2,103	2,892	3,499	37.5	21.0	1.5	2.3	3.4
東山	1,124	1,450	1,673	29.0	15.4	1.1	1.7	2.3
東海	2,463	3,176	3,611	28.9	13.7	1.3	2.0	2.9
近畿	1,961	2,636	3,229	34.4	22.5	1.1	1.7	2.5
山陰	749	1,017	1,175	35.8	15.5	1.3	2.2	3.1
山陽	1,383	1,884	2,176	36.2	15.5	1.1	1.7	2.5
四国	600	946	1,202	57.7	27.1	0.5	0.9	1.5
北九州	5,007	6,614	7,442	32.1	12.5	2.4	4.0	5.2
南九州	3,620	4,546	4,942	25.6	8.7	3.9	5.7	7.6
沖縄	880	941	874	6.9	▲7.1	4.9	5.9	5.8

資料：図7-1に同じ。
注：北海道は経営耕地面積が50ha以上層、100ha以上層を対象に集計。

（2010年）、さらに5.6％（2015年）へと上昇傾向にあり、なかでも東北や北陸では5ha以上層の構成比が高くなっている。

なお、都府県における10ha以上層の増加率は05-10年、10-15年のそれぞれの期間で5ha以上層の増加率を大きく上回っている。今後も同様の傾向が続くようであれば、将来的に都府県では10haが増減分岐点となる可能性がある。

こうした大規模経営体の農地（経営耕地面積）の集積状況をみたものが**表7-4**である。同表も前掲**表7-3**と同様に、北海道は50ha以上層・100ha以上層、都府県は5ha以上層・10ha以上層の状況を示している。北海道の50ha以上層、100ha以上層とも集積率は上昇傾向にあり、2015年では前者では48.7％、後者では19.5％となっている。都府県でも集積が進んでおり、2015年の5ha以上層の集積率は40.4％（都府県計）である。地域ブロック別にみると、東北や北陸の集積率は2015年で50％を超えているものの、四国をはじめ、南関東

(単位：経営体、％)

10ha 以上層（100ha 以上層）					
実数			増減率		構成比
2005年	2010年	2015年	05-10年	10-15年	2015年
705	907	1,153	28.7	27.1	2.9
14,273	22,265	27,512	56.0	23.6	2.1
5,456	7,874	9,380	44.3	19.1	3.8
2,052	3,257	3,991	58.7	22.5	3.9
1,568	2,442	3,096	55.7	26.8	2.5
504	799	1,105	58.5	38.3	1.1
362	551	680	52.2	23.4	0.9
999	1,411	1,671	41.2	18.4	1.3
677	975	1,372	44.0	40.7	1.1
272	428	549	57.4	28.3	1.4
447	730	958	63.3	31.2	1.1
127	276	400	117.3	44.9	0.5
951	2,250	2,694	136.6	19.7	1.9
656	1,057	1,396	61.1	32.1	2.1
202	215	220	6.4	2.3	1.5

表 7-4 大規模経営体の経営耕地面積集積率の推移（農業経営体）

(単位：％、ポイント)

区分	5ha 以上層（50ha 以上層）					10ha 以上層（100ha 以上層）				
	集積率			集積率の変化		集積率			集積率の変化	
	2005年	2010年	2015年	05-10年	10-15年	2005年	2010年	2015年	05-10年	10-15年
北海道	39.1	44.3	48.7	1.1	4.4	12.1	15.2	19.5	1.3	4.3
都府県	21.4	32.1	40.4	10.7	8.3	11.0	20.2	27.2	9.2	7.0
東北	30.3	42.2	51.1	11.9	8.9	15.2	26.5	34.4	11.3	7.9
北陸	27.0	41.1	50.9	14.1	9.8	15.8	27.8	36.3	12.0	8.6
北関東	22.5	31.9	40.9	9.4	9.0	10.1	17.5	24.9	7.3	7.5
南関東	11.7	18.1	25.7	6.4	7.6	5.6	9.8	15.3	4.2	5.5
東山	14.6	23.2	28.8	8.6	5.6	9.2	16.5	20.9	7.3	4.4
東海	18.1	27.3	35.8	9.2	8.5	12.9	20.9	28.1	7.9	7.2
近畿	12.7	19.1	27.4	6.4	8.3	7.6	12.3	19.3	4.6	7.0
山陰	16.4	25.1	33.2	8.6	8.2	10.7	17.7	24.7	6.9	7.1
山陽	12.5	20.5	28.8	8.0	8.3	7.5	13.7	20.9	6.3	7.2
四国	5.3	10.6	16.0	5.3	5.5	2.3	6.0	9.9	3.7	3.9
北九州	16.0	33.2	40.0	17.2	6.9	6.6	22.6	28.0	16.0	5.3
南九州	24.2	31.8	39.8	7.6	8.0	9.5	14.3	20.6	4.8	6.3
沖縄	29.0	32.7	32.4	3.7	▲0.3	12.6	14.6	15.2	2.0	0.6

資料：図 7-1 に同じ。
注：北海道は経営耕地面積が 50ha 以上層、100ha 以上層を対象に集計。

や東山、近畿、山陰の集積率は30％を切っている。10ha以上層をみても、前述した東北や北陸を先頭に集積が進んでいることから、大規模経営体の農地集積は地域差を伴いながら進展しているといえるだろう。

（3）農地利用の動向：借入耕地と耕作放棄地

大規模経営体が農地集積を図るためには、借入耕地を拡大することが重要な手段となる。この借入耕地の拡大は農地の効率的利用を意味する。しかし、2（2）で指摘したように、10-15年の変化では農地壊廃化の高まりもみられることから、ここでは借入耕地に加え、耕作放棄地の動向についても詳しくみておきたい。

まず、借入耕地面積の動向と借地率の推移を地域ブロック別にみたものが**表7-5**である（集計対象は農業経営体）。借入耕地面積は、全国ベースでは増加傾向にあるものの、その増加率は28.9％（05-10年）から9.3％（10-15年）へと低下している。同様の傾向は、いずれの地域ブロックでも確認することができる。なかでも、05-10年に増加率が高かった東北や北九州では、10-15年には増加率が40ポイント前後下がっている。東北や北九州では05-10年に多数の集落営農組織が設立された地域である。同期間に集落営農組織へ借入耕地が集積されたが、その設立が落ち着いたことから、10-15年に借入耕地面積の増加率が低下したものと考える。

他方、借地率の推移をみると、全国ベースでは22.3％（2005年）から29.3％（2010年）、33.8％（2015年）へと上昇している。地域ブロック別に借地率をみると、従来から借地率が高かった北陸をはじめ、東海や山陰、北九州、南九州では2015年で40％を超える高さにある。このうち、北九州では05-10年に借地率が大きく上昇しており、前述したように同期間に集落営農組織の設立が進展したことが背景にある。

次に、耕作放棄地面積の動向と耕作放棄地率の推移を地域ブロック別にみたものが**表7-6**である（集計対象は総農家および土地持ち非農家）。耕作放棄地は、全国ベースでは38.6万ha（2005年）、39.6万ha（2010年）、42.4万ha（2015

第7章 日本農業の現段階とTPP（江川 章）

表7-5 借入耕地面積と借地率の推移（農業経営体）

（単位：万ha、%、ポイント）

区分	借入耕地面積					借地率				
	実数			増減率					ポイント差	
	2005年	2010年	2015年	05-10年 ①	10-15年 ②	増減率の変化 ②-①	2005年	2010年	2015年	05-10年	10-15年
全国	82.4	106.3	116.2	28.9	9.3	▲19.6	22.3	29.3	33.8	6.9	4.5
北海道	21.1	23.1	23.6	9.7	2.1	▲7.6	19.7	21.7	22.7	2.0	1.1
都府県	61.4	83.2	92.6	35.6	11.3	▲24.2	23.4	32.4	38.6	9.0	6.1
東北	14.1	21.1	23.1	49.6	9.8	▲39.8	19.5	29.6	34.9	10.1	5.3
北陸	8.9	11.7	13.0	31.4	11.4	▲20.0	32.3	42.9	49.3	10.6	6.4
北関東	6.4	8.2	9.4	28.4	13.7	▲14.7	22.7	29.6	36.0	6.9	6.4
南関東	3.3	4.1	4.8	23.9	15.5	▲8.4	19.7	25.1	31.5	5.4	6.4
東山	2.0	2.8	3.1	37.0	12.1	▲24.8	22.0	31.1	37.1	9.1	6.1
東海	4.9	6.2	7.0	27.0	13.3	▲13.6	25.8	33.6	41.8	7.8	8.2
近畿	4.3	5.2	5.9	21.6	14.2	▲7.3	25.4	31.7	38.2	6.3	6.4
山陰	1.4	1.8	2.0	28.4	12.1	▲16.3	25.1	33.7	40.5	8.6	6.8
山陽	2.7	3.4	4.0	29.5	16.5	▲13.0	21.9	29.9	38.2	8.0	8.3
四国	1.7	2.2	2.3	28.7	4.9	▲23.8	17.0	23.2	27.3	6.2	4.1
北九州	6.7	10.6	11.7	57.9	10.5	▲47.5	24.0	38.9	44.5	14.9	5.6
南九州	4.0	4.8	5.2	21.0	7.7	▲13.3	30.4	36.9	42.2	6.5	5.3
沖縄	0.9	0.9	0.8	0.0	▲2.3	▲2.2	31.8	33.0	33.8	1.2	0.8

資料：図7-1に同じ。

表7-6 耕作放棄地面積と耕作放棄地率の推移（総農家、土地持ち非農家）

（単位：万ha, %, ポイント）

区分	耕作放棄地面積					耕作放棄地率				
	実数			増減率					ポイント差	
	2005年	2010年	2015年	05-10年	10-15年	2005年	2010年	2015年	05-10年	10-15年
全国	38.6	39.6	42.4	2.6	7.1	9.5	9.8	11.0	0.4	1.1
北海道	1.9	1.8	1.9	▲9.4	6.6	1.8	1.6	1.8	▲0.2	0.2
都府県	36.6	37.8	40.5	3.3	7.1	12.3	12.9	14.4	0.6	1.6
東北	7.1	7.6	9.0	6.9	18.3	9.0	9.7	12.0	0.7	2.3
北陸	1.9	1.9	2.1	2.6	7.5	6.4	6.6	7.3	0.2	0.7
北関東	4.3	4.4	4.8	2.6	9.8	13.1	13.6	15.6	0.5	2.0
南関東	3.3	3.4	3.5	2.7	3.8	16.3	17.1	18.9	0.8	1.8
東山	2.3	2.3	2.3	0.2	▲1.2	19.7	20.3	21.1	0.6	0.8
東海	3.3	3.4	3.5	0.6	4.9	15.0	15.4	17.3	0.4	1.9
近畿	1.9	2.0	2.2	8.7	11.1	9.9	11.0	12.6	1.0	1.6
山陰	1.0	1.0	1.1	2.3	6.8	15.0	15.9	17.8	0.9	1.9
山陽	2.9	3.1	3.2	6.2	4.2	19.2	21.0	23.3	1.8	2.3
四国	2.3	2.4	2.5	6.0	4.1	18.1	19.9	22.5	1.8	2.6
北九州	4.4	4.4	4.4	▲0.2	0.3	13.7	13.9	14.4	0.3	0.5
南九州	1.7	1.6	1.6	▲1.4	▲1.1	11.2	11.1	11.6	▲0.1	0.5
沖縄	0.3	0.3	0.2	▲7.6	▲18.5	10.7	10.3	8.9	▲0.4	▲1.4

資料：図7-1に同じ。
注：耕作放棄地率＝耕作放棄地面積／（耕作放棄地面積＋経営耕地面積）。

図7-6 借入耕地面積と耕作放棄地面積の変化（農業経営体）

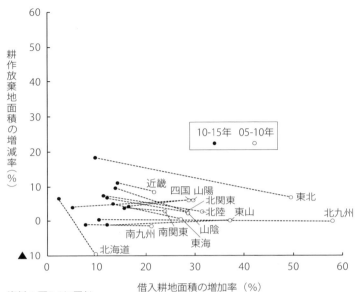

資料：図7-1に同じ。
注：1）借入耕地面積は農業経営体、耕作放棄地面積は総農家、土地持ち非農家を対象に集計。
2）沖縄は掲載していない。

年）へと増加傾向にあり、その増加率も2.6％（05-10年）から7.1％（10-15年）へと高まっている。地域ブロック別にみると、北海道では05-10年に減少した耕作放棄地面積が10-15年には増加に転じている。都府県では、一部の地域を除いて耕作放棄地面積の増加率が高まっており、東北や近畿では10-15年の増加率は10％を超える。他方、耕作放棄地率をみると、全国ベースでは2015年に11.0％となり、なかでも東山（21.1％）や山陽（23.3％）、四国（22.5％）の割合が高い。これらの地域は中山間地域を多く抱えていることから、不利な生産条件が耕作放棄につながっている可能性がある。これら地域に対して、沖縄は耕作放棄地の面積が減少しており、その率も低下している。沖縄では10-15年に土地持ち非農家が17.8％減（前掲**表7-2**）と大きく減少しており、それが所有する耕作放棄地がカウントされないことから、耕作放棄

地が大きく減少したものと推測される。

　以上みてきた借入耕地面積と耕作放棄地面積との関係を地域ブロック別の散布図でみたものが図7-6である。ここでは借入耕地面積の増加率を横軸に、耕作放棄地面積の増減率を縦軸にとり、05-10年および10-15年の変化を示している。05-10年から10-15年への変化をみると、借入耕地面積の増加率が大きく低下するとともに、耕作放棄地面積の増加率が上昇していることから、総じて各地域ブロックは右下方から左上方に移動している。10-15年には農地利用の潰廃化が進行したことを示している。

4．農業労働力の高齢化と農業後継者の確保

（1）基幹的農業従事者の年齢構成の変化

　農業労働力の動向を分析する指標には、仕事として農業にかかわる基幹的農業従事者を取り上げている（集計対象は販売農家）。図7-7と図7-8は、2005年から2015年までの基幹的農業従事者の男女年齢別人数を示したものである。まず、男子の基幹的農業従事者をみると（図7-7）、2005年にピークを形成していた昭和1桁後半世代（1930〜34年生まれ）は、5年後（2010年）、さらに10年後（2015年）になると、リタイア・死亡等によって急速にその数が減少している。この後に続く世代は昭和1桁後半世代ほどのピークがないため、基幹的農業従事者の人数構成の山は5年ごとに低くなっている。

　次に女子の動向をみると（図7-8）、65-69歳や70-74歳の山の高さが低くなり、2005年から2015年にかけて人数構成がなだらかなカーブを描くようになっている。男女ともに昭和1桁世代がリタイアした後は、基幹的農業従事者の人口構成のピークが下がり、従事者が減少する経過を辿っている。

　さらに、基幹的農業従事者の年齢別人数の推移を詳しくみたものが表7-7である。同表は20代から50代までは10歳刻み、60代以降は5歳刻みで05-10年、10-15年のコーホート変化（たとえば、2005年の60-64歳から2010年の65-69歳への変化は、05-10年の期末年齢65-69歳の変化分となる）を示している。

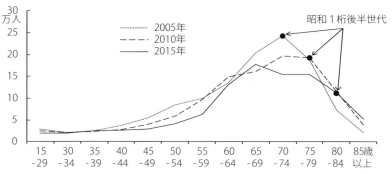

図7-7　基幹的農業従事者の年齢別構成の推移（全国、販売農家、男子）

資料：図7-1に同じ。
注：図中のマーカーは、昭和1桁後半（1930～34年生まれ）を示す。

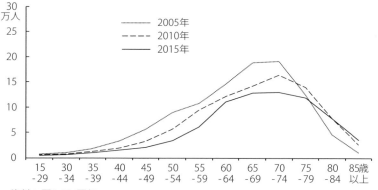

図7-8　基幹的農業従事者の年齢別構成の推移（全国、販売農家、女子）

資料：図7-1に同じ。

　男子についてみると、05-10年、10-15年とも70歳以上の各年齢層でコーホート変化（増減数）はマイナスとなっており、なかでも人数構成が多い75歳以上の年齢層では加齢等によるリタイアから減少幅が大きい。こうした70代以上の減少を60代以下の各年齢層の増加で補っているが、その増加幅は20代から50代までの年齢層では小さい。しかも、これらの年齢層では30代を除いて05-10年から10-15年にかけて増加幅が縮小している。

　他方、60-64歳、65-69歳は他の年齢層に比べて増加幅が大きく、寄与率

表7-7 基幹的農業従事者のコーホート変化（販売農家）

区分			計	期末年齢								
				20－29歳	30－39歳	40－49歳	50－59歳	60－64歳	65－69歳	70－74歳	75－79歳	80－84歳	85歳以上
増減数（千人）	男子	05-10年	▲46.0	13.1	6.1	5.3	16.7	49.0	26.2	▲6.7	▲49.8	▲72.3	▲33.6
		10-15年	▲99.2	10.5	6.8	4.6	6.1	34.9	29.1	▲6.1	▲42.2	▲81.0	▲62.0
	女子	05-10年	▲111.5	3.4	4.6	2.1	7.3	15.4	▲3.0	▲24.3	▲50.7	▲47.5	▲18.8
		10-15年	▲120.1	2.9	5.0	3.9	5.7	15.5	6.1	▲11.4	▲43.7	▲62.4	▲41.7
寄与率（％）	男子	05-10年	100.0	▲28.4	▲13.3	▲11.6	▲36.3	▲106.4	▲56.9	14.6	108.3	157.1	73.0
		10-15年	100.0	▲10.6	▲6.9	▲4.6	▲6.1	▲35.2	▲29.3	6.1	42.5	81.6	62.5
	女子	05-10年	100.0	▲4.6	▲6.2	▲2.8	▲9.9	▲20.9	4.1	32.9	68.7	64.4	25.5
		10-15年	100.0	▲6.0	▲10.3	▲7.9	▲11.7	▲31.6	▲12.5	23.4	89.2	127.3	85.1

資料：図7-1に同じ。
注：2015年の29歳以下の年齢区分（15-19歳、20-24歳、25-29歳）は，2005年，2010年の同年齢区分の基幹的農業従事者の分布をもとに案分した。

をみても両年齢層で10-15年では6割を占めている（増減数はマイナスであるため、人数増加の寄与率はマイナス表示となる）。このことは、主に60代の増加が70代以降の減少分を補っていることを示している。

女子の基幹的農業従事者は男子とほぼ同様の傾向を示しており、70代以降の減少分を60代の増加分で補充し、10-15年の60代の寄与率は4割となっている。男子と異なる点は、40代のコーホート変化の増加幅が拡大していることである。同じく増加幅が拡大した30代も含めると、30～40代の寄与率は05-10年の1割弱から10-15年には2割弱へと上昇している。男子に比べ、女子の基幹的農業従事者は青壮年層の補充率がやや高いという特徴がある。

（2）高齢労働力の動向

コーホート変化でみたように、基幹的農業従事者のうち、従事者数が多い70代以上の離脱は従事者全体の減少をもたらしている。その補充は青壮年層ではなく、主として60代によってなされていることから、今後は基幹的農業従事者の高齢化が一層進行することが予想される。そこで、こうした基幹的農業従事者の高齢化の状況を**表7-8**で確認しておこう。同表は基幹的農業従事者の65歳以上の割合や増減率を男女別に示したものである。65歳以上の増減率を全国ベースでみると、男子では05-10年の3.0％から10-15年の7.4％へと高まっている。この傾向はすべての地域ブロックでみられ、10-15年では

表 7-8　基幹的農業従事者の高齢者割合の推移（販売農家）

(単位：％、歳)

区分	男子					女子					男女計 平均年齢
	65歳以上増減率		65歳以上割合			65歳以上増減率		65歳以上割合			
	05-10年	10-15年	2005年	2010年	2015年	05-10年	10-15年	2005年	2010年	2015年	2015年
全国	▲3.0	▲7.4	59.9	61.4	64.6	▲2.0	▲16.8	54.5	60.7	60.3	67.1
北海道	▲7.9	▲5.0	31.8	32.2	34.5	▲5.6	▲8.9	29.6	33.1	34.9	57.5
都府県	▲2.9	▲7.5	61.4	62.9	66.1	▲1.9	▲17.0	55.9	62.2	61.7	67.6
東北	▲2.3	▲3.3	57.1	58.3	63.5	2.6	▲9.9	50.6	57.3	59.9	67.0
北陸	0.6	▲3.3	68.7	69.7	72.8	6.7	▲14.5	62.5	69.9	69.9	69.3
北関東	▲7.4	▲8.5	59.6	60.7	63.3	▲8.2	▲19.5	54.8	59.3	58.6	}67.3
南関東	▲5.9	▲7.7	56.3	58.2	61.7	▲7.1	▲18.3	54.2	59.9	58.7	
東山	1.2	▲9.3	67.6	70.5	72.0	3.2	▲16.3	58.7	66.7	64.5	
東海	▲6.6	▲12.7	65.7	67.7	69.8	▲8.0	▲24.6	59.5	65.6	62.4	68.5
近畿	5.7	▲4.8	64.6	66.7	69.1	6.5	▲15.7	56.2	62.9	61.6	67.9
山陰	▲6.8	▲9.2	73.7	72.1	75.6	▲9.5	▲25.6	70.6	74.8	70.6	}71.2
山陽	4.8	▲9.8	76.3	77.6	80.2	4.8	▲20.7	69.5	75.8	72.2	
四国	▲1.5	▲7.7	62.1	62.9	66.9	▲1.6	▲17.7	56.8	62.5	62.9	67.7
北九州	▲4.8	▲5.0	54.1	56.1	59.8	▲0.7	▲11.3	48.4	55.7	57.7	}65.7
南九州	▲7.5	▲13.8	58.3	58.2	59.3	▲7.5	▲21.3	54.5	59.7	58.1	
沖縄	▲10.3	▲9.1	52.4	51.1	52.7	▲17.6	▲21.2	58.8	60.0	55.0	65.2

資料：図7-1に同じ。

全地域で65歳以上の従事者が減少している。05-10年から10-15年にかけての減少幅の拡大は、男子よりも女子の方が顕著であり、女子では北海道と東北を除く地域ブロックにおいて10-15年の減少率が10％を超える高さにある。

こうした高齢層の離脱はあるものの、基幹的農業従事者の高齢化は確実に進行している。2015年の65歳以上割合（全国）は男子では64.6％、女子では60.3％に達しており、平均年齢は男女計で67.1歳となっている。地域ブロック別に高齢者割合をみると、男女とも北陸、東山、山陰、山陽の高齢者割合が高く、なかでも山陰、山陽の中国地域では基幹的農業従事者の平均年齢は70歳を超える。中山間地域を多く抱える地域ブロックでは労働力の高齢化が深刻であることを示している。

（3）農業後継者の確保状況

農業労働力の高齢化が進行するなか、今後の担い手を確保するためには円滑な経営継承を図ることが重要な取組課題となる。この点に関して農業後継者（次の代で農業経営を継承することが確認されている15歳以上の者で予定者を含む）の保有状況について確認する。表7-9は農業後継者がいる農家割

表7-9 農業後継者がいる農家割合の推移（販売農家）

(単位：％)

区分	農業後継者がいる			同居農業後継者がいる			他出農業後継者がいる		
	2005年	2010年	2015年	2005年	2010年	2015年	2005年	2010年	2015年
全国	54.6	59.4	48.7	44.2	41.4	29.9	10.4	18.0	18.8
北海道	24.6	31.4	29.1	21.1	24.3	21.4	3.5	7.2	7.7
都府県	55.4	60.2	49.3	44.8	41.9	30.1	10.6	18.3	19.2
東北	59.8	63.7	51.0	50.3	47.8	35.0	9.4	15.8	16.0
北陸	61.7	62.2	49.7	52.5	47.6	34.8	9.2	14.7	15.0
北関東	55.5	59.4	46.4	47.5	44.6	30.5	8.0	14.7	16.0
南関東	55.3	58.1	46.4	47.8	43.9	30.5	7.5	14.2	16.0
東山	53.1	59.7	50.6	41.7	40.4	30.1	11.4	19.3	20.4
東海	60.6	63.3	51.4	51.4	47.4	33.3	9.3	15.9	18.2
近畿	58.4	64.1	52.2	46.9	43.6	29.8	11.5	20.5	22.3
山陰	58.8	65.2	53.8	46.0	44.5	34.0	12.8	20.7	19.8
山陽	56.8	64.1	53.4	38.7	36.4	25.5	18.1	27.7	27.9
四国	53.0	59.7	49.8	39.5	36.4	26.2	13.5	23.3	23.6
北九州	47.8	53.3	47.9	37.5	34.4	28.0	10.3	19.0	19.9
南九州	33.0	43.0	36.4	20.8	20.5	15.1	12.2	22.5	21.3
沖縄	27.3	52.0	47.1	16.7	21.0	14.9	10.6	30.9	32.2

資料：図7-1に同じ。

合の推移を示したものである。全国ベースでみると、農業後継者がいる農家割合は2005年の54.6％から2010年の59.4％へと上昇したが、2015年には割合が低下して48.7％となっている。内訳をみると、他出農業後継者がいる農家割合は上昇しているものの[5]、同居農業後継者がいる農家割合が低下しており、その割合は2010年の41.4％から2015年の29.9％へと大きく下がっている。同居農業後継者の欠如が農業後継者のいる農家割合の低下につながっているといえるだろう。

（5）2005年から2010年にかけて他出農業後継者の割合が大きく高まったのは、2010年に他出農業後継者の調査項目に変更があったためだと考えられる。2005年農業センサスでは、他出農業後継者については年齢や性別、従事状況等を詳しく回答する必要があったが、2010年農業センサスでは他出農業後継者の有無だけを回答するかたちとなった。調査項目が簡素化されたことにより、2010年農業センサスでは他出農業後継者を「いる」と回答した者が多く出たものと思われる。この点については、澤田守「家族労働力の脆弱化と展望」（安藤編著（2013年））が指摘している。

この状況が深刻なのは、地域ブロック別では北海道である。北海道では経営規模が大きいがゆえに、同居の後継者が比較的若いうちに就農するケースが多くみられる（したがって、他出農業後継者はもともと少ない）[6]。しかしながら、2015年における北海道の農業後継者がいる割合は29.1％と低く、同居農業後継者ではさらに低下して21.4％に過ぎない。北海道における後継者対策は急務である。

　他方、都府県をみても農業後継者がいる農家割合は50％前後となっており、北陸や関東、四国、九州、沖縄では5割を切る水準にある。同居農業後継者に限れば、総じて東日本よりも西日本（特に、山陽、四国、九州、沖縄）の方が低い割合を示している。同居農業後継者の割合が2割を切る南九州や沖縄をはじめ、そのほかの西日本地域では他出農業後継者も含めた後継者対策が必要だといえよう。

5．おわりに

　2015年の農業センサスの分析を通じて日本農業の構造変化をみれば、2010年から2015年にかけては農業衰退的な側面が強くみられるようになった。

　農業の担い手についてみると、農家戸数の減少が加速するとともに、農業労働力の減少と高齢化が進行している。農家戸数では、10-15年には販売農家の減少率が高まっただけでなく、自給的農家も増加から減少に転じている。また、農業労働力では、昭和1桁世代が離脱して基幹的農業従事者が大きく減少するとともに、その減少分を補充する世代は60代が主であることから、農業労働力の高齢化も進んでいる。農業の担い手の量的減少と質的低下は従来からみられたが、その傾向が10-15年に強く表れるようになったのである。

　また、農地利用の点では後退的な側面が強まっている。これまで大きく伸びていた借入耕地面積の増加率が下がり、借地率もその上昇幅が縮小してい

（6）北海道における後継世代の就農の特徴については、柳村俊介「大規模経営の継承と参―北海道農業の課題―」酒井・柳村・伊藤・斉藤（1998年）。

る。逆に、耕作放棄地では増加幅が拡大し、耕作放棄地率は2015年に10%を超えるようになった。この結果、経営耕地面積の減少率が高まっている。

　こうした農業の担い手と農地利用の動向は、農業構造の衰退的側面を示しているが、この傾向が一時的なものなのか、それとも今後も継続するものなのかを判断することは難しい。農業衰退が一時的なものであるという点に関しては、大規模経営体（都府県：5ha以上層、北海道：100ha以上層）が地域差を伴いながらも着実に形成され、その農地集積率も伸びていることが挙げられる。10-15年に農業衰退的な側面が出てきたのは、同期間に大規模経営体の増加率が低下したためである。これは前期（05-10年）に急増した集落営農組織の反動とみることができ、同様のことは借入耕地面積の伸び率の低下にも表れている。10-15年の動きを一時的なものとすれば、農業再編的な大規模経営体の形成を評価することができよう。今後は実態面での調査分析を踏まえながら、大規模経営体（特に、農家以外の農業事業体）の趨勢を見極めていく必要がある。

　他方、農業後継者の確保に困難を抱える農家が増加していることは、農業衰退的な方向性を示す判断の根拠となる。10-15年に農業後継者のいる農家割合が大きく低下し、2015年には5割を切る水準となった。なかでも、同居農業後継者のいる農家割合が低下していることから、将来的な経営継承に支障を来す農家が多くなることが予想される。これは農業労働力の面でみても、基幹的農業従事者において青年層の補充率が低いという点に表れている。改めて新規就農対策や経営継承対策が重要な課題であることを示している。

　TPPがどのような影響を及ぼすか予断することはできないが、2015年センサスでみた農業構造の動向を踏まえ、農業構造の再編的側面を強めるには、TPPによる関税削減等で減少する農業生産を農業の体質強化でカバーしなければならない。ここでは、離脱した農家の農地を大規模経営体がいかに集積するかが重要な課題となる。

　しかしながら、都府県の大規模経営体の農地集積率は上昇しているものの、2015年では5ha以上で4割、10ha以上で2割に過ぎず、しかも集積率の地

域差（東北、北陸の5割から四国の1割まで）が存在している。こうした状況をみれば、そもそも農業の体質強化のみでTPPへの対応を図ることはかなり無理のある議論だといえるだろう。構造再編が遅れている地域への措置を行うことなくTPPが発効すれば、現状の大規模経営体だけなく、その存在が希薄な地域に対しても深刻なダメージを与える可能性がある。TPPは農業構造の衰退的側面を強める可能性があることを指摘しておきたい。

参考文献
安藤光義編著『日本農業の構造変動』農林統計協会、2013年
小田切徳美編著『日本の農業』農林統計協会、2008年。
酒井惇一・柳村俊介・伊藤房雄・斉藤和佐『農業の継承と参入』農文協、1998年。
生源寺眞一編著『21世紀日本農業の基礎構造』農林統計協会、2002年。
農林水産政策研究所『集落営農展開下の農業構造』構造分析プロジェクト研究資料、2013年。
橋詰登・千葉修編著『日本農業の構造変化と展開方向』農文協、2003年。

第 **8** 章

米韓FTAからTPPをみる

品川　優

1．はじめに

　日本がTPP参加を検討しているさなか、アメリカからは「米韓FTAをTPPの参考にするように」といわれた。その米韓FTAも、2012年3月15日に発効してから5年目に突入している。商品貿易では、相手国の経済状況や為替レートといった様々な外的要因だけではなく、関税においてもすでに撤廃した品目や10年以上の期間をかけて撤廃する品目など多様であり、FTA発効による影響を見極めるのは容易ではない。また、それ以外の非関税障壁もすでに制度や規制、ルールを変更したものもあれば、一定の猶予期間が設けられているものまである。

　そうした状況のなか、筆者は米韓FTA発効1年目の段階で著書を書く機会を得た[1]。紙幅の関係上、詳細はそちらに譲ることとして、本章では2年目以降の新たな動きを中心にみていく。すなわち商品貿易では、FTA発効前年の2011年からデータの得られる14年を対象に、その推移を確認するとともに（第2節）、FTAによって大きな被害が予想された農畜産物輸入及び牛肉に焦点をあて、輸入の変化と国内生産への影響、FTA被害に対する政策対応についてみていく（第3節）。

　また非関税障壁では、3～5年を一区切りとする制度変更の猶予期間が少

（1）拙著『FTA戦略下の韓国農業』筑波書房、2014年。

なくないことから、それに該当する医薬品（第4節）や農協の保険サービス（第5節）を対象に、その変容を明らかにする。さらに、米韓FTA反対の主要因の1つとされたISDSも動いており、その現況についてもみていく（第6節）。

このような米韓FTAの現況を明らかにすることで、「参考に」といわれたTPPにとっても、想像の域を脱しえないなかでの空中戦ではなく、今後起きうるかもしれない具体的な姿・動きに接近し、より現実味の帯びた議論に資することができるものと思われる。

2．対米貿易の変容

表8-1は、米韓FTA発効の前年である2011年以降の韓国の貿易額を主要相手国別にみたものである。なお、主要相手国のうちEUとは2011年7月に、中国とは2015年12月にFTAを発効しているが、日本のみFTAを結んでいない。

まず輸出に焦点をあてると、発効前年の2011年の輸出総額は5,552億ドルであり、発効年の12年には5,479億ドルへ1.3％減少している。対米輸出では、11年の562億ドルが585億ドルへ4.1％増加しており、輸出総額を上回る増加率を記録している。同様に、12〜13年の輸出総額は2.1％、13〜14年は2.3％増加しているのに対し、対米輸出はそれぞれ6.0％、13.3％と輸出総額を大きく上回る。その結果、14年の対米輸出は700億ドルを突破している。

他方、輸入をみると、輸入総額は2011〜14年まで5,200億ドル前後と大きな変化はみられず、13〜14年を除き1％弱のマイナスである。対米輸入は、11〜13年まで輸入総額を上回る減少率であったが、13〜14年は約1割増え453億ドルとなっている。

政府発表にもとづき2014年の対米輸出における上位5品目をみると[2]、

（2）産業通商資源部報道資料「韓米FTA発効3年目の交易・投資動向」（2015年3月13日）。

表 8-1　米韓 FTA 発効前後における主要相手国別の貿易推移

(単位：億ドル、％)

	輸出					輸入				
	総額	アメリカ	EU	中国	日本	総額	アメリカ	EU	中国	日本
2011	5,552	562	557	1,342	397	5,244	444	476	771	685
12	5,479	585	494	1,343	388	5,196	433	504	808	644
13	5,596	621	489	1,459	347	5,156	415	559	831	600
14 年	5,727	703	517	1,453	322	5,255	453	624	901	538
2011〜12	-1.3	4.1	-11.4	0.1	-2.2	-0.9	-2.3	5.8	4.7	-6.1
12〜13	2.1	6.0	-1.0	8.6	-10.7	-0.8	-4.2	11.0	2.8	-6.7
13〜14 年	2.3	13.3	5.7	-0.4	-7.2	1.9	9.1	11.6	8.5	-10.4

資料：『貿易統計年報』（各年版）より作成。

　1位が自動車の150億ドル（輸出総額の21.4％）、2位が無線通信機器83億ドル（11.8％）、3位自動車部品66億ドル（9.4％）、4位石油製品31億ドル（4.4％）、5位半導体29億ドル（4.1％）である。このうちアメリカの乗用車関税は、FTA発効前の2.5％を5年目（2016年1月1日）に撤廃することで合意しているため、関税撤廃による輸出増とはいえず、関税以外の環境変化によるものといえる。政府の報道資料によると[3]、アメリカ経済の回復と、それによるアメリカの乗用車市場の拡大（13年1,550万台→14年1,644万台）、加えて韓国車の品質向上が影響しているということである。なお、2位及び5位の品目も関税削減・撤廃をしていない非恩恵品目にあたる。

　同様に、対米輸入の上位5品目は1位半導体40億ドル（輸入総額の8.8％）、2位半導体製造用装備25億ドル（5.6％）、3位航空機及びその部品20億ドル（4.3％）、4位飼料等の植物性物質19億ドル（4.3％）、5位穀物類17億ドル（3.7％）とつづいており、上位3品目は非恩恵品目に該当する。また、2位及び4〜5位の品目の輸入が大きく増えたことが、先述した13〜14年の対米輸入の増加に寄与している。特に4〜5位の品目は、後述するトウモロコシ生産の回復によるものといえる。

　以上を踏まえると、輸出・入ともに上位には非恩恵品目が少なくなく、環

（3）産業通商資源部報道資料「2014年の自動車産業の主要実績」(2015年1月12日)。

境変化を所与とすれば関税の削減や撤廃、すなわち恩恵品目に転じると、輸出・入が増えるものと思われる。ただしその逆に、環境変化によって輸出・入が大きく左右されることも示している。

3. 韓国農業への影響

(1) 農畜産物貿易の推移

表8-2は、農畜産物の輸入実績をみたものである。発効前と発効1年目の比較検討については別稿に譲るが(4)、ポイントのみを指摘すると、穀物の輸入額の減少はトウモロコシのそれが51.9％減少したことが大きく影響している。これは、アメリカで異常高温と干ばつが発生し、その結果生産が大きく減少したためである。畜産物の減少は、10年に韓国国内で口蹄疫が発生し、

表8-2 米韓FTA発効前後の農林水産物の輸入実績

(単位：百万ドル、％)

			2011	12	13	14年
金額	農産物	合計	5,260	4,411	3,637	5,089
		穀物	3,240	2,375	1,442	2,760
		果実・野菜	440	593	616	610
		加工食品	1,579	1,443	1,580	1,719
	畜産物		1,717	1,411	1,471	1,878
	林産物		893	793	853	843
	水産物		155	177	221	237
	総計		8,025	6,792	6,182	8,047
変化率	農産物	合計		-16.1	-17.5	39.9
		穀物		-26.7	-39.3	91.4
		果実・野菜		34.8	3.9	-1.0
		加工食品		-8.6	9.5	8.8
	畜産物			-17.8	4.3	27.7
	林産物			-11.2	7.6	-1.2
	水産物			14.2	24.9	7.2
	総計			-15.4	-9.0	30.2

資料：産業通商支援部「韓米FTA発効3年目の交易・投資動向」(2015年)より作成。
注：各年の変化率は、前年に対する変化率である。

(4) 前掲『FTA戦略下の韓国農業』第3章を参照。

その家畜処分の影響で11年の輸入が急増したこと、12年は国内生産が回復・急増して国内価格が下落したことが、輸入減少の一因としてあげられる。

　発効２年目の13年は、前年に比べ農産物全体で２割程度の減少が続いている。その大きな要因は、前年以上に穀物の輸入額が減少したためである。北米では異常気象（高温と干ばつ）が続き、トウモロコシの輸入額は92.8％と大幅に減少し、小麦の輸入額も94.4％の大幅減となっている。他方、畜産物は4.3％の増加に転じている。14年の発効３年目は、アメリカで小麦・トウモロコシの生産が回復し、両品目ともFTA発効前の水準近くまで復調したため穀物輸入額は約２倍増加し、その結果農産物全体でも４割増とはじめて増加に転じている。他方、牛肉・豚肉・鶏肉ともに輸入が増加した結果、畜産物も27.7％増と発効後で最も大きな増加率を記録している。

（２）牛肉輸入の推移

　ここでは、米韓FTAで最も影響が生じると目された牛肉輸入についてみていくことにする。**表8-3**は、重量及び金額ベースでみた輸入全体及び対米輸入の変化を記したものである。変化率を中心にみると、米韓FTA発効前後の2011〜12年は重量・金額ともに輸入全体では大きく減少しており、アメリカはさらにそれを上回る減少率であった。12〜13年では、重量は全体ではプラスに転じているが、アメリカは依然マイナスを記録している。ところが金額では、アメリカは全体を２ポイント上回る12％の増加率である。こうした13年までの動きは、アメリカサイドの要因が大きく影響している。すなわち、①2012年のアメリカ国内におけるBSEの発生、②先述した12〜13年にかけてのトウモロコシの減産と飼料穀物価格の高騰、③これらダブルパンチによるアメリカ国内での牛肉生産の減少、④それにともなう牛肉の輸入価格の上昇、という一連の動きである[5]。13年の金額だけは、小幅な輸入重量の減少を輸入価格の上昇が打ち消したものといえよう。

（５）ハン・ソゴ他『韓米FTA発効３年、農業部門の影響と示唆点』韓国農村経済研究院、2015年。

表8-3 米韓FTA発効前後の牛肉輸入の推移

	重量		金額	
	計	アメリカ	計	アメリカ
2011	307,613	115,334	1,521,998	599,125
12	264,378	95,082	1,260,107	471,734
13	267,577	92,145	1,395,683	528,965
14年	279,706	101,774	1,673,317	706,371
11〜12①	-14.1	-17.6	-17.2	-21.3
12〜13②	1.2	-3.1	10.8	12.1
13〜14年③	4.5	10.4	19.9	33.5

資料:『貿易統計年報』(各年版)より作成。
注:①は、「2007〜11年」及び「08〜12年」の5中3の平均との変化率を示している。同様に、②は「08〜12年」と「09〜13年」、③は「09〜13年」と「10〜14年」である。

さらに13〜14年では、全体及びアメリカともに重量・金額で増加している。特にアメリカでは、輸入価格が引き続き上昇していることもあり、輸入金額では3割強と大きく増えている。輸入重量も1割の増加に転じているが、発効前年の重量11.5万トンを下回っている。

また、表の右側には、直近5年のうち最高と最低を除いた3年間の平均(5中3)も併記している。これは、次にみる政策支援の発動要件が5中3を基準としているためである。5中3では、全体・アメリカともにすべての期間で重量・金額ベースの輸入が増加していること、いずれも全体よりもアメリカの増加率の方が高いこと、14年の重量・金額は発効前のそれの各1.6倍・1.9倍である、という特徴がみられる。

以上のことから、各年の比較では家畜疾病や異常気象等の問題発生によりアメリカからの牛肉輸入の変動が小さくないが、変動の大きさを捨象した5中3でみると、重量・金額ともに年々輸入が堅実に増えている実態が浮かび上がってくる。

(3) FTA被害に対する政策支援

①FTA被害補填直接支払い

　FTA被害に対応することを目的に、韓国政府はFTA被害補填直接支払い

第8章　米韓FTAからTPPをみる（品川　優）　193

（単位：トン、千ドル、%）

重量(5中3)		金額(5中3)			直近5中3
計	アメリカ	計	アメリカ		
235,163	58,766	938,966	287,306	07～11	
250,086	79,797	1,100,167	380,012	08～12	
264,371	90,683	1,245,397	465,241	09～13	
270,554	96,334	1,392,596	533,275	10～14年	
6.3	35.8	17.2	32.3	①	
5.7	13.6	13.2	22.4	②	
2.3	6.2	11.8	14.6	③	

と廃業支援を導入している。両政策は当初、最初に締結したチリとのFTA対策として導入したものである。しかし米韓及び韓EU　FTAを契機に、すべてのFTA締結国によって影響が生じた品目が対象となっている。FTA被害補填直接支払いは、次の要件をクリアすれば支援を受けることができる。すなわち当該品目について、①総輸入量が増加していること、②FTA締結国合計の輸入量が増加していること、③国内価格が10％以上下落していること、の3点であり、先述した直近5中3の平均と比較する。支援対象期間は、FTA発効後10年間の時限対策である。FTA被害補填直接支払いの交付金は、5中3の平均価格の90％を基準価格として、基準価格と当該年価格の差額の90％を算出し、そのうち国内要因を除きFTAの影響のみを抽出した輸入寄与度分が交付金となる。

　3要件をクリアした対象品目は、**表8-4**のとおりである。2013年は12年に影響が出た韓牛（肥育・繁殖）が対象となっている。韓国では、繁殖牛を直接的に輸入しているわけではないが、輸入牛肉による肥育牛への影響が間接的に繁殖牛にも影響を与えていると捉えている。同じく14年には韓牛（繁殖）・キビ・ジャガイモ・サツマイモの4品目に、15年は韓牛（肥育・繁殖）がはじめて対象から外れる一方で、大豆やメロン・ブドウなどの果物類等9品目に拡大している。韓牛の場合、3要件のうち①と②、すなわち輸入量の増加の点では要件をクリアしているが、③の価格が肥育では5中3の平均価格を当該年価格が2.5％、同じく繁殖は18.1％上回っていたため対象外になってい

表8-4　FTA被害補填直接支払いの対象品目

		総輸入量		FTA締結国合計		アメリカ	
		平均	当該年	平均	当該年	平均	当該年
2013	韓牛（肥育）（繁殖）	235,163	264,378	58,766	95,082	58,766	95,082
14	キビ	4,362	5,853	329	618	329	618
	ジャガイモ	92,644	151,634	83,942	137,066	80,859	130,684
	サツマイモ	899	1,253	4	299		
	韓牛（繁殖）	278,276	300,491	95,321	101,841	95,321	101,414
15年	大豆	313,620	327,758	223,912	244,013	214,232	232,982
	ジャガイモ	113,670	153,471	106,493	139,821	101,122	132,958
	サツマイモ	1,120	1,782	16	938	0	0
	チェリー	5,993	13,360	6,079	13,080	6,077	13,080
	メロン	1,419	1,611	1,528	1,611	1,528	1,611
	露地ブドウ	24,902	26,268	25,895	26,179	26,045	23,862
	施設ブドウ	39,162	53,876	40,957	53,288	14,813	21,736
	鶏肉	106,155	124,466	64,301	72,089	59,038	64,792
	栗	8,290	8,412	28	54	0	0

資料：農林畜産食品部「報道資料」を加筆・修正。『貿易統計年報』（各年版）より作成。
注：1）「平均」は、直近5年のうち最高・最低を除く3年平均を指す。
　　2）「価格カバー率」は、平均価格及び基準価格（平均価格の90％）に対する「当該年価格＋交付金」の割合である。
　　3）表中の空白は貿易実績がないこと、「0」は小数点以下の実績しかないことを示している。

る。

　輸入寄与度は、チェリーが94.4％と突出して高いことが分かる。チェリーは国内でほとんど生産していないため、アメリカからの輸入による影響が強くあらわれた結果である。その他は、全体的には20％程度以下が多く、国内要因である消費量の減退や国内生産の増加が主な原因とみている。ただし、米韓FTAと切り離された消費減や生産増ばかりではなく、安価な輸入農産物と代替関係にある品目の消費減や、安価な輸入農産物との競合を避け、他の品目に生産を変えたことによる生産増といった間接的な影響なども現実的に生じており[6]、いわば「玉突き現象」も視野に入れる必要があろう。

　ところで先述したように、2015年にはアメリカからのトウモロコシ輸入が

（6）韓チリFTAでは、チリ産ブドウの輸入増を警戒し、施設ブドウから他品目への生産転換がおこなわれている（前掲『FTA戦略下の韓国農業』第2章）。

第8章　米韓FTAからTPPをみる（品川　優）　195

（単位：トン、ウォン／kg、千ウォン／頭、％）

EU		価格			輸入寄与度	交付金	価格カバー率	
平均	当該年	平均	当該年	減少率			平均	基準
		5,833	4,664	20.0	24.7	130	82.2	91.3
		2,483	1,517	38.9	12.9	83	64.4	71.6
2,907	6,278	5,829	4,546	22.0	13.4	84	79.4	88.3
		1,039	782	24.7	36.0	50	80.0	88.9
		1,749	1,465	16.2	0.6	1	83.8	93.1
		2,004	1,636	18.4	31.0	47	84.0	93.3
0	0	5,540	3,653	34.1	23.0	276	70.9	78.8
4,596	6,794	1,039	794	23.6	66.7	85	84.6	94.0
		1,776	1,444	18.7	1.9	3	81.5	90.5
5	0	9,858	8,279	16.0	94.4	504	89.1	99.0
		2,550	2,181	14.5	4.8	5	85.7	95.2
13	0	2,917	2,246	23.0	20.3	69	79.4	88.2
7	0	6,208	4,529	27.0	20.3	193	76.1	84.5
4,470	7,297	1,857	1,566	15.7	20.1	19	85.4	94.9
28	54	2,966	2,634	11.2	1.0	0	88.8	98.7

急増していたが、FTA締結国合計でみると輸入が減少しているため対象とはなっていない。

　交付金は、**表8-4**にあるように、価格の下落幅や輸入寄与度によって大きく異なる。当該年価格と交付金を合算した金額が、平均価格及び基準価格に対しどの程度カバーしているかをみると、基準価格では2013年の韓牛（繁殖）が71.6％と最も低く、最高は輸入寄与度が突出して高かったチェリーの99.0％である。ただし平均価格でみると、韓牛（繁殖）は64.4％に、チェリーも89.1％に低下しており、必ずしも十分な補填とはいえない。

　以上がFTA被害補填直接支払いの仕組みと結果であるが、本制度については次の点を考える必要があろう。第1は、交付金算定の始点となる基準価格は、直近5中3の平均価格にもとづき決定される。基準と5中3の組み合わせでは必ず論点となる、価格自体が傾向的低下のもとでは十分な補填とはならないという問題を抱えている。

　第2は、基準価格は5中3の平均価格の90％とし、残り10％分は生産者の経営努力を促している。それにもかかわらず、基準価格と当該年価格の差額

の90％を交付金算定のプロセスとしている。すでに生産者の経営努力を促した以上、それ以外のものは生産者に責任はなく、国が100％の補填で責任を負うべきものといえよう。

　第３は、輸入寄与度の水準から、当該年価格の下落は国内要因による影響が大きいとみている。しかし、FTA締結国からの輸入という直接的な影響は織り込んでいても、「玉突き現象」のような間接的な影響は捨象されている。こうした総合的かつ丁寧な分析・考察も求められよう。

②廃業支援と国内生産への影響

　廃業支援は、FTA被害補填直接支払いで対象となった品目のうち、次の要件を満たすもの、すなわち①投資費用が大きく、廃業時に投資費用を回収することが困難、②栽培・飼育・養殖期間が２年以上で、短期間で収益を得ることが難しいこと、③その他必要と認められた場合、に対象となる。また、廃業の対象となる生産要素は、協定発効日以前から生産に利用しているものに限られる。廃業支援金は、栽培品目では「単位面積当たり純収益額×撤去・廃棄面積」の３年分が、畜産では「１頭当たり純収益額×出荷頭数」の３年分が支払われる。なお、廃業支援は2016年までの事業である。

　すべてのFTA締結国・品目を対象として以降の実績では[7]、2013年は韓牛（肥育・繁殖）、14年韓牛（繁殖）、15年はチェリー・露地ブドウ・施設ブドウ・鶏肉・栗の５品目が対象となっている。

　このうち２年連続で対象となった韓牛（繁殖）をみると（**表8-5**）、繁殖農家数6.9万戸のうち13年に1.2万戸が、14年は0.3万戸が廃業支援を申請し廃業している。その結果、繁殖農家数は5.4万戸に減少している。両年の廃業農家数の差は、13年に廃業申請した農家の多くが予算不足を理由に廃業支援を受けることができず、彼らの受給が14年までずれ込んだためである。頭数は、対象となる繁殖牛65万頭のうち廃業申請された繁殖牛が13年12万頭、14

（7）米韓FTA発効以前の実績については、前掲『FTA戦略下の韓国農業』第２章を参照。

表 8-5 韓牛（繁殖）農家の廃業支援実績

(単位：戸、千頭、％)

		全体飼養農家数			支給対象頭数	廃業申請頭数	繁殖牛減少頭数
		廃業前	廃業申請農家数	廃業後			
申請年度	2013 14年	69,075	12,421 3,010	53,644	653	118 23	42

資料：パク・ジュンギ他『2014年FTA国内補完対策の評価と今後の課題』を一部修正。

表 8-6 韓牛生産の推移

		2011	12	13	14年
農家数	（千戸）	163	147	124	104
20頭未満	（千戸）	124	108	88	70
20〜49	（戸）	25,032	24,013	21,624	19,008
50頭以上	（戸）	13,566	14,922	14,847	14,537
飼養頭数	（千頭）	2,950	3,059	2,918	2,759
生産額	（億ウォン）	30.5	34.7	36.8	—

資料：『農林畜産食品主要統計2015』、『農林畜産食品統計年報2014』より作成。

年2万頭の計14万頭である。さらに、そのうち実際に屠殺したのが4万頭であり、これは対象頭数の6.5％にあたる。屠殺以外の10万頭は、他の繁殖農家等へ売却したものである。

廃業支援は、繁殖牛を他の繁殖農家等へ売却することにより規模の拡大につなげる一方で、口蹄疫からの回復によって、後述するように国内の韓牛飼養頭数が過剰になるなか、繁殖牛の屠殺は飼養頭数の調整につながっている。これらは、韓牛（肥育）の廃業支援にも当てはまり、韓牛生産にも大きなインパクトを与えている。

表8-6は、国内の韓牛生産の変容をみたものである。FTA発効前の2011年の農家数は16.3万戸で、そのうち20頭未満の小規模農家が12.4万戸と76.1％を占め、50頭以上の大規模農家は1.4万戸・8.6％である。飼養頭数は295万頭、1戸当たりの平均頭数は18.1頭で、生産額は31億ウォンである。

これが発効1年目の12年には、農家数は14.7万戸と1.6万戸減少している。この減少は20頭未満の減少数と同じであり、小規模農家の離農を示している。これに対し50頭以上は0.1万戸増え、1.5万戸となっている。農家数の減少と

は反対に、飼養頭数ははじめて300万頭を超え⁽⁸⁾、1戸当たりの平均頭数は20.8頭へ拡大し、生産額も4億ウォン増加している。ところが、14年は廃業支援によって飼養頭数が276万頭と30万頭近く減少しているが、農家数の減少が大きかったため、1戸当たりの平均頭数は26.5頭へ増えている。

　このように廃業支援を通じて、農家数の減少と大規模農家の増加及び飼養頭数の集中という両極化が確認できる。廃業支援を申請した農家には、2つのタイプがみられる。1つは、米韓FTAによる被害が想定されるため、その前に廃業支援を受けて離農した農家である。それは、米韓FTAと廃業支援を通じて構造改善や生産調整を図る「追い出し効果」と言い換えることができよう。いま1つは、自家経営の後継者不在や高齢化問題を抱えるなか、廃業支援による補償を契機として、このタイミングで離農したケースである。厳密にどこまでが米韓FTAによる廃業と線引きできるのか難しいが、両極化をもたらす「引き金」となったことは確かといえよう。

　一方で、廃業支援を通じて、過剰気味であった韓牛の飼養頭数を急激に減少させたことで、現在は国内価格が上昇傾向にある。このことは、2015年11月に筆者がおこなった全羅北道完州（ワンジュ）郡の調査でも確認できた。そしてそれが、FTA被害補填直接支払いの対象とならなかった要因であるとともに、輸入価格が上昇しつつもアメリカからの輸入量が増えている韓国サイドの要因でもある。

　しかし、完州郡の韓牛農家によると、こうした価格の上昇傾向をみて、繁殖牛を増頭する動きもあり、飼養頭数の増加が見込まれるとのことであった。ただし出荷までには2～3年かかることから、その間価格は維持もしくは上昇するが、2～3年後から価格は下落に転じるだろうと予測していた。

（8）済州島の西帰浦市畜産農協でのヒアリング（2013年7月）では、消費量を考えると韓国全体で260万～270万頭が最適頭数ではないかとみていた。

4．医薬品・医療機器—許可・特許連係制度を中心に—

（1）許可・特許連係制度の導入経緯

　医薬品及び医療機器に関する米韓FTAの特徴は、医薬品・医療機器価格の決定方法の変更と許可・特許連係制度の導入である。前者については、従来韓国では薬剤費適正化法案にもとづき、健康保険審査評価院が医薬品経済性評価などの客観的な基準によって算定した価格を参考に、製薬会社と国民健康保険公団との間で直接交渉をおこない医薬品の価格を決定してきた。ところが米韓FTAでは、安全で有効な医薬品の価格をその当事国が決定する場合、その決定が競争的市場導出価格にもとづくように保障しなければならないとし、競争的市場導出価格にもとづかない場合は、当事国が特許医薬品の価値を医薬品価格に適切に反映しなければならないというものである。

　後者は、ジェネリック薬品の販売業者（以下「ジェネリック業者」）に対し、ジェネリック薬品を販売する際に監督官庁である「食品医薬品安全庁」とともに、特許権者等にも同時に許可申請を義務づける制度である。これはアメリカが最初に導入した制度で、米韓FTAによって韓国でも導入することとなっている。ただし、FTA発効後3年間の猶予期間が設けられている。その間を準備期間とし、具体的な仕組みの構築やそれに適合した法制度の整備を進め、2015年3月14日に猶予期間が終了することとなった。

　そこで本節では、本格的にはじまった許可・特許連係制度に焦点をあて、連係制度の具体的な仕組みと問題点についてみていくことにする[9]。

（2）許可・特許連係制度以前の仕組み

　図8-1は、許可・特許連係制度を導入する前後の仕組みを簡単に図示したものである。図では、導入前の流れは「点線の矢印と一桁台の番号」、導入

（9）制度の仕組みについては、食品医薬品安全庁『医薬品許可特許連係制度の解説書』（2015年7月）に依拠している。

図8-1　許可・特許連係制度の仕組み

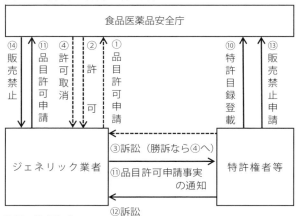

資料：筆者作成。
注：「点線」は制度導入前、「実線」は制度導入後を示している。

後は「実線の矢印と10番台の番号」とに分けている。

　まず、連係制度を導入する前の仕組みを確認する。ジェネリック業者は、食品医薬品安全庁にジェネリック薬品の販売に関する品目許可申請をおこなう（図中の①）。販売許可が下りれば（②）、ジェネリック業者はジェネリック薬品を販売する。仮に、特許権者等がジェネリック薬品に対し特許侵害の疑いをもてば、特許権者等は裁判所に訴訟を起こすことになる（③）。裁判中はジェネリック薬品の販売が差し止められることはできないが、判決で特許権者等の主張が認められれば、食品医薬品安全庁はジェネリック業者に与えた販売許可を取り消すことになる（④）。つまり、この段階ではじめてジェネリック薬品の販売が差し止められることになる。

（3）許可・特許連係制度の仕組み

　他方、許可・特許連係制度の実施に合わせて薬事法を改正し、法的根拠を整えている。つまり、改正薬事法をみれば、連係制度のポイントを知ることができるといえよう。改正薬事法で新たに設けられた連係制度に関する項目

は、a）医薬品特許目録への登載、b）品目許可申請事実の通知、c）販売禁止、d）優先販売品目許可、の４つである。このうちa）〜c）は、米韓FTAに対応したものであり、d）はそれとは関係のない独自のものである。

　許可・特許連係制度では、まず特許権者等は特許権を有する医薬品の情報を、食品医薬品安全庁が管理する医薬品特許目録に登載しなければならない。これが、上記のa）及び図中の⑩に該当する。登載する医薬品の事項は、医薬品の名称、医薬品の主成分及びその含有量、用法・容量、効能・効果、特許権登載者・特許権者などの人的事項、特許番号、特許権の登録日及び存続期間満了日など、である。

　ジェネリック業者がジェネリック薬品を販売するためには、これまでどおり食品医薬品安全庁に許可申請するとともに、申請から20日以内に特許権者等にも許可申請をした事実を通知することが義務づけられている（上記のb）及び⑪）[10]。特許権者等は特許権の侵害が疑われる場合、通知を受けた日から45日以内に食品医薬品安全庁に対しジェネリック薬品の販売禁止を申請することができる（⑬）。ただしその前提条件として、特許権者等はジェネリック業者を相手に、特許侵害を理由とする訴訟（販売禁止または予防請求）や権利範囲確認審判の申し立てをしなければならない（⑫）。食品医薬品安全庁は、販売禁止の申請を受けた場合、申請が不適法であるなどの特段の事由がないかぎり、通知を受けた日から９カ月間、ジェネリック薬品の販売を禁止しなければならない（上記のc）及び⑭）。

　ところで、d）の優先販売品目許可は、許可・特許連係制度によってジェネリック業者がジェネリック薬品の製造販売を萎縮することを回避するための措置とされている。すなわち、ジェネリック業者が品目許可申請をする際に、それと同じ医薬品を他のジェネリック業者よりも優先的かつ独占的に販売できる許可を同時に申請することができるということである。ただし、最初に当該医薬品の品目許可申請をしていること、及び特許権者等による訴訟

---

(10) ただし、当該特許権の存続期間の満了や特許権者等が通知しないことに同意した場合などは、申請事実を通知しなくても構わない。

あるいは権利範囲確認審判に勝っていなければならない。この2つの要件をクリアすれば、当該医薬品の販売可能日から9カ月間、優先的かつ独占的に販売が認められることになる。

(4) 小括

以上、許可・特許連係制度を導入する前後の仕組みをみてきた。導入前の仕組みの特徴は、大きく2点に整理できる。1つは、ジェネリック業者・食品医薬品安全庁・特許権者等といった関係主体が、許可や訴訟といった必要な時点ごとに一対一の関係で結び付いているということである。いま1つは、ジェネリック業者が特許権者等に訴えられても、判決が確定するまでジェネリック薬品の販売が可能であり、その限りにおいてジェネリック業者も一定の保護を受けているということである。

他方、許可・特許連係制度の特徴は、第1にジェネリック業者・食品医薬品安全庁・特許権者等が、一対一の関係ではなく相互に連係していることである。第2にその連係も、品目許可申請とその事実の通知、及び販売禁止申請と販売禁止、という2つの段階で手続きの連係がみられるということである。第3に、判決・審決が出る前にジェネリック業者の販売を禁止できるということである。第4に、以上を通じて特許権者等は、特許権侵害の「予防」措置を獲得しているということである。

以上の結果、特許権者等は裁判所等の判決・審決が出る前にジェネリック薬品の販売を差し止めることができ、主張が認められれば損害賠償も得ることができる。さらにいえば、ジェネリック薬品を販売禁止にすることによって特許薬品の価格を維持することもできるなど、許可・特許連係制度は、特許権者等の権利を保護するねらいが前面に押し出されているといえよう。

他方、ジェネリック業者にとっては裁判・審判に勝っても、販売禁止された9カ月間の損失補償の仕組みが講じられているわけではない。唯一のメリットは、9カ月間の優先販売の権利を得ることができるだけである。ただし、その権利もすべてのジェネリック業者に付与されるわけではなく、最初に品

目許可申請したジェネリック業者のみが対象となるに過ぎない。しかし、そのメリットも見方を変えれば、最初に申請した以外のジェネリック業者にとっては、9カ月間販売面において不利な状況におかれることになり、韓国のジェネリック産業全体の発展を阻害するものといえる。しかも特許権者等にとっても、その間、競合相手が最初に申請したジェネリック業者の1社に限定されるため、結果的には特許権者等が相対的に恩恵を享受できる仕組みともいえよう。

5．農協の保険サービス

　前著では、民間企業以外の保険サービスについて、主に郵便局に焦点をあてて考察している。ここでは、郵便局と同じように保険サービスを広範に提供している協同組合のうち農協に注目していくことにする[11]。

　米韓FTAでは、農協の保険サービスの監督官庁を、FTA発効後3年以内に農林畜産食品部から金融委員会に変更するとしており、すでに3年を超えた現在金融委員会のもとにおかれている。その背景には、農協の保険サービスを、国内及びアメリカの民間保険会社と同じ競争条件にするねらいがある。実際米韓FTAの付属書にも、協同組合が提供する保険サービスは、同種の保険サービスを提供する民間企業よりも競争上の「優位」にあってはならないと記している（付属書13－B）。農協における「優位」の変更はのちにみることにして、民間企業と対等に渡り合える農協保険の体質強化として[12]、農協中央会及び韓国政府が選択した方策が、信用・共済事業の分離である。

---

(11) 農協の保険サービス及びのちにみる農協中央会の信用・共済事業の分離に関する歴史的展開については、松本武祝「韓国『農協法』改正をめぐる総点の分析」『共済総合研究』（Vol.64、2012年）が詳しい。
(12) 2010年の農協共済事業の総資産利益率は0.57％、支払余力比率は116％であり、それぞれの生命保険会社平均0.74％、349％を下回るなど、保険会社に対する農協共済事業の競争力の弱さが問題とされた（前掲「韓国『農協法』改正をめぐる総点の分析」p33）。

その際留意すべきは、信・共事業の分離は米韓FTA以前の1980年代後半の民主化運動から延々と続いてきた韓国の政治上・農政上の大きな問題であることである。その過去からの流れと米韓FTAという２つの流れが交わり、2011年の農協法改正及び信・共事業の分離がおこなわれたということである。その点において、米韓FTAが信・共事業の分離を後押ししたともいえる。

　農協法の改正によって、農協中央会のもとに経済事業は農協経済持株会社、信・共事業は農協金融持株会社となり、そのなかで共済事業はNH生命保険、NH損害保険という子会社になっている。つまり、協同組合の共済から民間企業の保険へと転換し、この時点ですでに金融委員会の監督下に入る下地ができあがったといえよう。そしてその際に問題となったのが、根拠法と保険の販売方法である。前者は、保険への転換にともない、農協法ではなく保険業法が適用されることとなった。

　後者は、地域農協が農協中央の子会社のNH生命保険・損害保険を販売することに対する議論である。つまり、地域農協が両保険を販売する際に、どのような性格の代理店－一般保険代理店か金融機関保険代理店、にするべきかという議論である。一般保険代理店には厳しい制限はなく、農協法改正以前とほとんど変わりなく地域農協が両保険を販売できるというものである。これに対し金融機関保険代理店の場合、「バンカシュランス規定」が適用される。同規定は、店舗外での営業禁止、換言すると店舗内で直接対面販売をしなければならないこと、保険商品販売者は１店舗当たり２人に制限されること、バンカシュランス25％ルール（総資産額が２兆ウォン以上の金融機関は、保険募集総額に対しひとつの保険会社の商品の新規募集額が25％を超えてはならない）の適用といった制限である。

　農協法改正案に関する公聴会・討論会によると、法令上、地域農協は銀行法によって設立された金融機関ではなく、その他の要件にも該当しないため金融機関保険代理店とはいえず（保険業法第91条第１項）、また非営利法人に該当するため一般保険代理店にも当てはまらない。

　そうしたなか農協中央会や地域農協サイドは、農協は株主の利益を追求す

る一般の金融機関とは異なることや、組合員の経済的・社会的地位の向上を目的とすることから金融機関保険代理店にはあたらないと主張している。他方、保険業界は、地域農協の預金・積立や資金の貸出し業務が銀行法上の銀行業と同一のため、実質的には銀行業を営む金融機関とみることができることや、地域農協は多様な事業を営んでおり、一般の金融機関に比べて顧客に対する影響力（販売網や販売機会など）が大きいことから、金融機関保険代理店に位置付けて対等な競争条件にしなければならないなどとしている。また金融委員会は、保険関係法令上、金融業を取り扱う一般保険代理店は１つもないことなどから金融機関代理店と認めなければならないと主張している。

　結局、金融委員会の主張や保険業界からの反発もあり、地域農協は金融機関保険代理店とみなすとともに、農協サイドに対しても地域農協に対するバンカシュランス規定の適用をNH生命保険・損害保険を設立後５年間猶予することで決着している。これには、韓国国内の問題だけではなく、先述した米韓FTAとの関係で、国内・外を問わず民間企業よりも競争上の「優位」を取り除く必要があったことも背景にある。

6．投資・ISDS

　米韓FTAを国会審議する際に大きな問題としてクローズアップされたのが、間接収容とISDS（投資家－国家間紛争解決手続き）のセットである。周知のとおり間接収用は、政府や自治体が制度や条例等による規制を通じて、多国籍企業等所有者による使用や期待利益を奪うことを指している。それに対し多国籍企業等は、当該国の裁判所もしくは国際投資紛争解決センターなどの国際仲裁機関のどちらかを選択し、提訴することができる。

　米韓FTA発効後の本格的なISDSは、米国系ファンド・ローンスターのベルギー子会社が国際投資紛争解決センターへ韓国政府を提訴した件である。正確にはベルギーとの投資協定（BIT）によるISDSの行使であるが、ISDSの本質においては全く同じものである。

ローンスターは協定にしたがい、提訴前の6カ月間協議をおこなうため、2012年5月に韓国政府に仲裁意向書を提出している[13]。その内容は、1つは韓国の金融委員会による外換銀行の売却遅延損害に対するものである。韓国の外換銀行は、国際取引が多くアジア通貨危機の影響を受けて経営難に陥ったため、2003年にローンスターが買収した金融機関である。ローンスターは外換銀行を、06年に韓国の国民銀行へ、07年にはEUのHSBCホールディングスへ約6兆ウォンで売却しようとしたが、いずれも金融委員会の遅延行為により売却承認が下りなかったため売却できず、最終的には12年にハナ銀行に約4兆ウォンで売却している。こうした売却承認の遅延によって、売却価格が約2兆ウォン下落したことに対する損害賠償ということである。

いま1つは、韓国政府が外換銀行の売却金額に課した3,900億ウォンに加え、その他の各種税金を合わせた8,500億ウォンは、韓国・ベルギー租税条約により不当であるという主張である。

韓国政府とローンスターは協議をおこなったが、立場の隔たりが大きいため6カ月間以内に協議が成立せず、その結果ローンスターは2012年11月に国際投資紛争解決センターへ正式に提訴している。損害賠償請求額は43億ドルであったが、為替相場変動による損害を追加し46.8億ドル（5.7兆ウォン：2016年1月のレート換算）へ増額している。

提訴後は、本案前抗弁、仲裁審理、仲裁判定、仲裁判定執行と進行していく。2015年5月に1回目の審理として売却遅延損害を、6月に2回目の審理として課税損害を扱っている。審理は、3人で構成する仲裁判定部がおこなう。仲裁裁判長にはロンドン国際仲裁裁判所副所長を選任し、韓国政府及びローンスターも仲裁人を1人ずつ選定している。提訴から仲裁判定までには3～4年程度かかるとされ、訴訟費用等としてすでに数百億ウォン投入しているともいわれている。これに加え、仮に敗訴し、ローンスターの請求額がそのまま認められると、韓国政府は46.8億ドル（5.7兆ウォン）を支払わなけ

---

[13] ローンスターの件については情報の制約もあり、韓国のハンギョレ新聞の情報によるところが大きい。

ればならない。これら多額の金額は、すべて国民の税金で賄われることになるが、それにもかかわらず審理は非公開のため、国民にはその内容を知る権利が与えられていないという点でも大きな問題といえる。

7．まとめ

　ここまでアメリカから「TPPの参考に」といわれた米韓FTAについて、限られた分野であるが、その実態と問題についてみてきた。最後の本節では、米韓FTAが進行中の韓国の状況のなかから、逆にTPPの参考になる動きや課題について若干の整理をおこなう。
　第1は、米韓FTAに対する各界の反応である。あくまでも入手できた情報に限定され、かつ発効後の評価期間が異なるが、簡単に整理すると、韓国貿易協会は発効後2年を対象に、FTA効果とアメリカの景気回復によって輸出が増加し、その結果アメリカ市場の占有率が拡大（2012年2.59％→13年2.75％→14年2.97％）していると評価している[14]。発効後3年での評価では、対外経済政策研究院は輸出・入の増加やFTA利用率の上昇、アメリカへの海外直接投資の増加の面から肯定的な評価を下している[15]。他方、韓国農村経済研究院は農畜産物に焦点をあて、農畜産物は輸出・入ともに増加し交易規模が拡大しているが、関税の削減・撤廃により農畜産物の輸入価格が平均で約1割下落していると分析している[16]。
　言論界では、発効後2年の評価として、保守系の東亜日報が自動車を中心とした輸出の増加と、農畜産物の輸入減少によって貿易黒字が拡大しているということで米韓FTAは成功と評価している[17]。同じく朝鮮日報系の朝鮮

---

[14] イ・ヘヨン他『アメリカの景気回復と韓米FTAの収穫』韓国貿易協会、2015年。
[15] キム・ヨンギュ他『韓米FTA　3年の履行現況と争点』対外経済政策研究院、2015年。
[16] 前掲『韓米FTA発効3年、農業部門の影響と示唆点』。
[17]「東亜日報」2014年3月17日付け。

ビズも、米韓FTAの最大の関心事項であった自動車と牛肉について、前者は米韓ともに輸出を増やし、アメリカ産牛肉の輸入は減少するなど、当初の憂慮とは異なる方向で進んでいるという好意的な評価である[18]。他方、革新系のハンギョレ新聞は、発効後1年間の評価として、輸出額は増加しているが日本と比較すると少ないこと、公共政策やISDS等非関税障壁に対する今後の懸念も含め「経済領土拡張なし」という見出しを立てている[19]。また、韓国農漁民新聞は、発効後3年間の農畜産物の輸入増加と輸入価格の下落により、被害分野が農畜産物に集中していると報じている[20]。

　以上を踏まえると、概ね貿易額の増加やアメリカ市場の拡大に対するプラスの評価と、農畜産物輸入価格の下落（換言すると国内価格への影響）と非関税障壁への懸念に対するマイナス評価に整理できよう。

　第2は、それとの関係で輸出・入に対する評価についてである。本章で取り上げた農畜産物輸入の場合、各年の変化だけに注目すると中長期的な動きを見逃す危険性があった。その背景には、BSEの発生や異常気象による不作、廃業支援等の政策的な誘導など、短期的な要因が大きく影響しているためであった。さらに、韓国の農畜産物で3年以内に関税撤廃する品目は、全体の40.3%と過半に達しているわけではない。しかも重要品目は10年以上かけて段階的に撤廃することになっている。これまでの農畜産物輸入の実績を想定より少ないとみるか、多いとみるかは、第1で指摘したのと同じくそれぞれの見方によって異なろう。しかし4年目以降は、残り6割の品目での関税撤廃がはじまるとともに、その品目も重要品目にシフトしていくことになる。こうした中長期的な視点で、分析・考察していく必要があろう。

　第3は、非関税障壁も施行までに猶予期間が設けられているものも少なくないが、発効からまもなく丸4年が経過するなかで、少しずつ猶予期間が終了する分野もみられるようになってきた。それらによる韓国国内・経済への

---

(18)「朝鮮ビズ」2014年3月13日付け。
(19)「ハンギョレ」2013年3月13日付け。
(20)「韓国農漁民新聞」2015年3月20日付け。

影響はこれからの分析・考察を待たなければならない。だがその一方で、許可－特許連係制度や農協の保険サービス、ISDSのように、制度の根幹部分の改変は現実的に進んでいる。しかもその改変も民間企業、なかでもアメリカの多国籍企業（本章では医薬品、金融、保険会社等）に対する競争条件の形成・確保や権利保護を強化することが基底にあり、協同組合も例外ではなかった。

　第4は、その協同組合も、米韓FTAでは協定文にも記されたように、民間企業との対等な競争条件を確保するとして市場経済に引っ張り出されることになる。その際、競争上の「優位」が問題とされたが、韓国の場合、脈々と議論されてきた信・共事業分離の達成を前提に、共済事業を子会社化し保険としたため、外形的には民間企業間での「優位」の排除として把握された。これを日本に置換した場合、全農の株式会社化など純然たる協同組合の姿からは後退させられつつも、協同組合と民間企業との間の競争上の相違は、単協を通じた販売チャネルの広さ・深さや組合員に対する店外営業など、韓国でみられた一般保険代理店と金融機関保険代理店の対立とほぼ同じ構図とみてよいであろう。この構図は、TPP交渉と同時並行でおこなわれた日米協議でのかんぽ生命批判とも相通ずるものといえる。

　TPPにおいても協同組合には、市場経済を中心とした競争条件の確保が至上命題とされる恐れがある。市場競争という土俵が整えば、経済効率性の面から協同組合では民間企業に対抗できないとの見解にもとづき、韓国でみられたような協同組合から民間企業への転身、そして民間企業間での本格的な競争という事態に突き進む恐れもあろう。

　第5は、周知のように米韓FTAは合意後（2007年4月）、再交渉をおこなっていることである。そのタイミングは、ブッシュ政権からオバマ政権への交代期であり、オバマ政権のスタンスが当初米韓FTAに否定的であったこと、自動車貿易の不均衡を問題としたことが原因である。韓国側は、再交渉の拒否が米韓FTAの破棄につながるとして再交渉に応じ、再交渉では自動車に対し安全性・環境基準の緩和、関税撤廃期間の延長などが、牛肉は月齢制限

（30ヶ月未満）の解除が、アメリカから求められた。最終的には、韓国側は牛肉の月齢制限は維持したが、自動車分野では再交渉前の結果、すなわちアメリカの現行関税率2.5％を3,000cc以下は即時撤廃し、それ以上は４年目に撤廃するという決定を、現行関税を維持しいずれも５年目に撤廃することで譲歩している。他方、アメリカ側は、豚肉や医薬品の許可・特許分野で譲歩することで米韓FTAは正式に妥結している。

　アメリカでは大統領選挙がはじまり、奇しくもTPP交渉がオバマ政権から次期政権への交代期と重なっており、次期政権の姿勢によっては「大筋合意」にこぎ着けたオバマ政権の「成果」に対し、再交渉・再協議の要請や協定内容の変更もあり得ることを示している。

　第６は、米韓FTA発効後は協定の傘下に履行機構会議を設置しており、そのなかには長官級による高位級会議や分野別の委員会・作業班を設置している。委員会・作業班は全部で19あり、委員会には商品貿易や農産物、サービス・投資、医薬品、朝鮮半島域外加工地域委員会などが、作業班には自動車や中小企業、政府調達作業班などがあり、ほぼ協定の対象分野ごとに設けている。そして、それぞれが必要に応じて随時会議をおこなっており、履行機構会議としては概ね年に２～３回開催している。

　履行機構会議については、産業通商資源部が「履行機構会議開催の結果」という形で報道資料を発表しているが、そこには高位級会議では「FTA履行の現況評価及び懸案の点検」、委員会・作業部会では「何々について」や「関心事項について」「議論あるいは意見交換」といった程度の情報しか明らかにしていない。これは米韓FTA協定文に記されている文言とほぼ同じである。また、開催後の新聞も上記の資料を引用して報道しているのみで、会議の具体的な内容は少なくとも筆者の調べたところではみえてこない。それは、次の情報の非公開と関係しているのかもしれないが、いずれにせよFTA発効後も一定の頻度で米韓FTAの評価や点検、分野ごとに関心事項の議論等を継続しておこなっている。それらの中身によっては新たな対応が求められることも考えられ、ゴールのみえない協定ともいえる。

第 7 は、米韓 FTA の情報公開に関してである。TPP と同じように、米韓 FTA も発効後 3 年間、交渉文書や関連資料は非公開とされてきた。そして 2015 年に 4 年目を迎え、さらに韓国の一部の弁護士も情報公開請求をしているが、いまだ非公開の状態が続いている。その理由を知る由もないが、「3 年間という非公開の縛りが終わったあとは公開するもの」という解釈ではなく、「あくまでも 3 年間の非公開を約束しただけで、それ以降の公開を約束したわけではない」という解釈に立っているのかもしれない。つまり、政府のスタンスによって、情報の非公開の継続あるいは一部のみ公開が決められるという情報統制や情報操作が現実的に起こりうるということを教えてくれる。

第9章
TPPを国民的課題へ

田代　洋一

はじめに

　本章では各章の論点を編者なりに振り返りつつ、課題を再整理したい。TPPをめぐっては、その問題性がとかく農林業に封じ込められやすい。本書は、問題を農林業に限定せず、ひろく国民生活に関わる問題として捉え、国民的な連帯を訴えたい。

経済軍事同盟強化としてのTPP

　TPPは、もともとはアジア太平洋の小国が通商国家として自由貿易をめざすFTAだった（P4）。その小国FTAにGDP世界第一位のアメリカと第三位の日本が参加したことから、TPPは、それ自体はあくまで自由貿易協定でありながら、同時に中国台頭をにらんだアメリカの世界戦略（リバランス戦略）に直結し、21世紀のアジア太平洋地域における米中対立——新自由主義的資本主義vs.国家資本主義——の一方の極としての経済軍事同盟[1]に大化けした。TPP参加国は、元からのアメリカの同盟国や中国の領土拡張主義の矢面に立たされている諸国である。なかでも日本では経済軍事同盟としての受けとめが強い。

　第1章は、TPPが一貫して時の政権により安全保障（日米同盟強化）とセットで捉えられてきた点を指摘した。その結果、安全保障体制における対米

（1）「経済軍事同盟」は、日本農業新聞が2015年4月6日付け社説で用いた言葉である。

依存の見返りにTPP・経済面では絶えずアメリカに譲歩する基本姿勢が貫かれてきた。それは日米新安保条約における「経済的協力」(第2条)、そのための「随時協議」(第4条)に始まり、その後の米日通商交渉を一貫する「アンポのツケを経済で返す」パターンの21世紀版であり、TPPは集団的自衛権の行使容認とともに一つの到達点をなす。

その具体化に大きく寄与したのがTPP交渉と並行しての日米二国間並行協議であり、そこではとくに非関税障壁と「米国が長期にわたり懸念を継続して表明してきた自動車分野」が取り上げられた。のみならず主要な市場アクセスの交渉も日米間のそれであった。その意味では、TPPは日本にとっては日米FTAであり、アメリカにとっては積年にわたる日米経済摩擦の決着の場だった。

しかしそれだけではない。日本がそのような経済的譲歩を重ねつつ、にもかかわらずTPPに積極参加したのは、前述の日米同盟強化とともに、TPPを通じて投資国家としての経済的利益、日本原籍の多国籍企業の利益を追求するためだった。その意味では、TPPはたんなる日米FTAではなく、米日多国籍企業が海外に有利な投資権益を確保する帝国主義同盟であり、その結果、経済面での妥協は経済全般ではなく、もっぱら農林水産業と国民生活に集中することになった。日本市場もまた草刈場になったのである。

このようにTPP交渉は、〈経済軍事同盟の強化—内外の多国籍企業利益の追求—農林水産業・国民生活へのしわ寄せ〉という構造をもつ。そこで国民の立場から重要なのは、第一に、安全保障問題と通商交渉を切り離す必要がある。安全保障問題を強調しつつ、実は多国籍企業利益を追求するのがTPPである。日本がTPPに加わらなければ、アメリカ軍は日本から米軍基地を撤退するのか、その一点を考えだけでも事は明らかである。何が真の安全保障なのかはTPPとは独立に論じられるべきである。第二に、TPP交渉は「国家を交渉役とした内外の多国籍企業と諸国民の利益の対立」の場であり、それへの対抗には農林水産業と国民、そして諸国民の連携が不可欠な点である。以下ではそのことに触れたい。

TPPと農林水産業

　第２章は、農業の関税撤廃構造を分析した。そしてTPP交渉は初めから95％の関税撤廃という目標をおいて[2]、そこから逆算して国会決議の対象である重要５品目の関税撤廃に踏み込み、結果的にTPPは全品目で譲歩する結果になったことを明らかにした。要するに政府は重要５品目の再生産確保と言う国会決議をはじめから無視して交渉に臨んだのである。

　その被害はとくに畜産に集中するが、そこでの「国内対策」による補てんにもかかわらず、内外価格差は拡大する。政府はそれを畜産の体質強化で埋めるべきとしているが、それは政策責任を農業者努力（自己責任）に転嫁するものである。内外価格差が開き、それを農業者努力のみでは埋められないとしたら、農水省試算の生産量・輸入量・自給率不変という結論は覆る。畜産物のみならず、関税の引き下げ・撤廃による価格下落を国内対策が完全に補てんし得ない全ての作目は、〈価格下落→国内生産量減→輸入量増大→さらなる価格下落〉を免れない。

　第３章では、一般的には関税の引き下げによる影響は小さいとされている林業をとりあげ、歴史的にさかのぼって林産物の関税の引き下げにより日本林業が農業以上に衰退し、自給率を低めていった経過をたどった。最近は自給率がやや回復しているが、その一つの要因として自治体による地域材利用の促進政策がある。ところがアメリカ業界は、地域材の利用にポイントを付

（２）この点について95％「密約」説があるが（作山巧「TPPの実像と日本農業」『農業と経済』2016年３月号）、2013年２月19日の参院予算委員会で、当時の林農水大臣は、2011年11月11日の自らの国会質問に関する共産党の紙議員の質問に対して、「90から95％の品目を即時撤廃し、残る品目も７年以内に段階的に関税撤廃すべきであることを多くの国が支持している。センシティブ品目の扱いは、長期間の段階的撤廃いうアプローチを採るべきとの考え方を示す国が多いなどの情報がえらたれたということが公表されておりました」としている。90％はFTA一般の話だから、残る95％は2011年段階で既に公表情報だったといえる。また讀賣は2013年３月16日、「自由化率は98％以上に達すると予想される」としていた。

ける自治体の制度に対して、アメリカ等の外材を加えるべきという要求を既に出しており、TPPの下でそれがエスカレートし、とくに公共建築物の国産材利用について最終的にはISDS条項に訴える可能性もある。関税等の市場アクセス問題のみからTPPの影響を軽微とするのは誤りであり、非関税障壁の撤廃をTPPの主要局面として重視すべきことを第3章は指摘している。

なお水産業については、もともと関税が低く、海外市場の成長もあり、また懸念された漁業補助金に対する国の政策決定権が維持されたこともあり、必ずしも甚大な影響が予想されていないようである。

しかしながら、即時関税引下げであるノリ、こんぶ等の海藻類を除き、即時あるいは11年目までに関税撤廃という結果になり、第1章でTPPの真の影響としてあげた点が水産業にも懸念される。すなわち①将来、韓国等が参加してきた場合にノリ等の輸入が増えないか（干しノリ、こんぶ、こんぶ調整品、わかめ、ひじきの主たる輸入先国は韓国、中国であり、うなぎは中国、台湾である）、②安い肉類の輸入が増えると水産物の価格下落や消費減退という将棋倒し効果が起こらないか、である[3]。

TPPの「生きた（living）協定」としての面を考慮せず、単品ごとの関税引き下げ・撤廃だけの影響をみる政府の見解は極めて不十分である。

WTOとFTA・TPP

農林水産業という最もナショナルな産業をここまで関税撤廃に追い込んだのはTPPの一つの際立った特徴である。ガット・ウルグアイラウンド、その結果としてのWTOは、「包括的関税化」を狙いとした。それに対してFTAは9割の関税撤廃をめざすが、なかでもTPPは全ての関税の撤廃を目指す点で、WTOの次なる自由化段階を画するものといえる。

加盟国間のみで関税撤廃するFTAは、最恵国待遇を大原則とするガットあるいはWTOに反するが、あくまで地域経済統合へのステップという位置

（3）大森敏弘「水産業におけるTPPの影響について」衆議院調査局『「TPP協定と将来の我が国の農林水産業」についての学識経験者等の見解』2016年1月。

づけで許容されたものである[4]。それに対してWTOは、世界の多数国が参加し、それ故に途上国・新興国利害にも配慮せざるを得ず、また「食料安全保障、環境保護の必要その他の非貿易的関心事項に配慮しつつ」という「理念」を農業協定の前文に書き込まざるを得なかった。

日本はそれを手がかりとして2000年の「WTO農業交渉日本提案」で「行き過ぎた貿易至上主義」を退け、食料安全保障や農業の多面的機能への配慮、「多様な農業の共存」を世界に向かい宣言した。

しかるに21世紀にはWTOのドーハラウンドが途上国・新興国対先進国の対立から行き詰るなかで、先進国はFTAに自由化の突破口を求めるようになった。途上国・新興国を突き放したうえで先進国に従う国のみを一本釣りする戦略である。なかでも先進国が小国FTAに割り込んだTPP[5]は、普遍的に「例外なき関税撤廃」を目指す点で「行き過ぎた貿易至上主義」の極北に位置するものである。

そのようなTPPに日本が参加することは、前述の「多様な農業の共存」理念からの180度の転換を意味する。日本が根本的に問われるのは、そのような首尾一貫性のなさである。そしてTPPは、理念に代わって安全保障問題を影のテーマとした。その影が最も強かったのが日本であることは前述した。

貿易理念は、前述のようにグローバル化のなかでナショナルなものをどう守るかに関わるが、その点でガット・ウルグアイラウンド（UR）では農業が独立に交渉され、WTO協定でも独立に扱われた。しかるにFTA（TPP）交渉では農業はその独立性を失い、他産業の利益とバーターされる関係に置かれ、その結果として前述のように他産業の犠牲に供された[6]。

（4）拙著『農業・食料問題入門』大月書店、2012年、122頁。
（5）むしろTPP拡大におけるニュージランドの「積み石戦略」を高く評価する説もある。作山・前掲論文。
（6）グローバル化時代の日本の針路を考えるうえでWTOからFTA（TPP）への推転は十分な整理を要する。とりあえず金ゼンマ『日本の通商政策転換の政治経済学』有信堂、2016年。

TPPと国民生活

　本書が重視したのはTPPと国民生活の関わりである。

　第一は、食料自給率との関係である。そもそも2013年のTPP交渉参加時、政府は自給率が27%に落ちると試算した。つまり食料・農業・農村基本法や同基本計画で定めた食料自給率向上の目標に明確に反することを承知の上で交渉に参加した確信犯なのである。

　2015年の政府の経済効果分析は、国内対策により農林水産業の生産量は減らず（輸入量は増えず）、食料自給率も現状の39%が維持されるとしている。しかしTPP参加の農業大国は、日本をTPPによる農産物の最大の輸出先とみており、かつ水も漏らさぬ鉄壁の国内対策などありえないとしたら、自給率の低下は避けえない。自給率の低下はまず量的に食の安全・安心を損なう。TPPによる関税引下げ・撤廃が最終的に行きつく十数年後の世界の食料需給について、農業白書は毎年、「中長期的なひっ迫の懸念」を繰り返してきた。自給率低下がもたらす質的な安全・安心については第三の点で触れる。

　第二に、雇用問題である。日本政府や世銀はTPPによるGDPのかなりの増大を見込んでいるが、それはTPPに伴い1部門の失業が生じても他部門に吸収される完全雇用を前提としている。それに対してTPPによる縮小部門の失業が他部門に吸収されることを前提しないタフツ大学の試算では、日米ともに雇用喪失が起こる[7]。どちらの前提が現実的かと言えば、日本の農業をとっても、離農者が他部門に簡単に移行できる状況にはない。

　さらにより重要なことは、米日ともにTPPによる海外直接投資の権益保護による投資国家化を最大の目的の一つとしており、〈投資国家化→国内産業空洞化→雇用減少〉の可能性が高いことである。

　第三に、食の安全・安心である[8]。**第4章**ではまず前述の自給率低下と

（7）日本政府は80万人の雇用創出を見込むが、タフツ大の試算では、10年間にTPP全体で77.1万人、アメリカ44.8万人、日本7.4万人の雇用喪失を見込んでいる。雇用が増える国はない。

の関わりを指摘した。以下に述べるようにTPPで食の安全が脅かされれば、自給率の低下は安全性を保証されない農産物の輸入につながる。政府はSPS（衛生植物検疫）措置やTBT（貿易の技術的障害）措置に関連して、日本の食の安全性が脅かされたり、食品表示の制度変更を求められたりすることはないと説明している。しかし第4章は、SPSについては、TPP12カ国によるSPS委員会が設けられ、それに大きな権限が与えられ、また各国の措置について事業者や他の締約国が意見を述べる機会を与え、意見には回答を義務付けられていること、しかも委員会の内容が明確でなく、見直し規定も設けられ裁量の余地が大きいことを指摘している。

　TBTと関連した、食品表示基準の策定においても同様で、海外の利害関係者が関与できる仕組みであり、TBTについても小員会が設けられ、各国が食品表示のルール等を策定するに際しても、他国の利害関係者を検討に参加させなければならないことを指摘している。遺伝子組み換え問題についても作業部会が設置される。

　このようにTPPは食の安全性について予め各国の主権を保障するものではなく、多くが将来の委員会等での検討、他国や他国事業者の関与に委ねられ、国の主権よりもグローバルアグリビジネスによるハーモナイゼーションが優位する構造を明らかにしている。また日米二国間並行協議により、例えば防カビ剤の農薬・食品添加物としての二重チェックに対するアメリカの一元化・効率化要求に屈するなど、多くの妥協がなされている。

　第四に、医療・医薬品への影響である（**第5章**）。政府は食の安全性と同様に、社会保障制度はTPPの対象外で影響を受けることはないと断言している。確かに混合医療や営利病院の解禁と言った「営利化要求」は文言として

（8）日本農業新聞2月21日は、民間調査会社の1200人アンケート（2016年1月）の結果を紹介しているが、「TPPの農林水産分野の不安」として、食品の安全・安心が全世代でトップ（30代以上の世代では5割以上）、ついで農林水産業に与える影響（同4割以上）、自給率の低下（40代以上で4割以上）になっている。

は消えた。ビッグファーマ（グローバル製薬企業）はひとまずTPPにおけるターゲットを医薬品・医療機器の特許期間の実質的延長、ジェネリック化までの時間稼ぎ、医薬品価格の高止まり期間延長に絞ったのである。ここでも食の安全性と同じく薬価決定等の審議会にアメリカ製薬企業や締約国が口をはさむ機会を与えている。これらの結果、薬価等が高止まりすれば、それは公的医療保険制度を食いつぶし、財政的に追い詰めていくことになる。その果てに営利化要求がISDS等をも使いながら本格化してくると第5章はみている。

　食の安全性についても医療についても、政府の「大丈夫」という保証は、TPP協定の個々の文言しか見ておらず、その文言の先にあるものと、それらの絡み合いを見ない点で全く短絡的である。その点は農林水産業における関税の引き下げ・撤廃の効果分析においても、長期波及性や相乗効果をみない点と全く同様である。

　第五に、政府の公共政策への影響である。**第6章**はISDS条項を分析した。TPPの協定文は極めて抽象的でもってまわっており、肝心なことは附属書の最後にさりげなく書かれている。その典型がISDS条項であり、政府の健康・安全・環境等に関する公共政策は本文ではISDSの対象外とし、それをもって日本政府は当該措置が訴えられることはないと断じているが、附属書では「まれな場合（rare circumstances）を除き」と断り書きされており、結局は政府が国民を守るための公共政策もISDSにより提訴されうることになる。

　第6章が掲げた四つの事例を読むと、ISDSの本質、その怖さがよく分かる。一つはB社vs.カナダ政府、二つはR社vs.グァテマラ政府、三つはA社vs.アルゼンチン政府、四つはTグループvs.ドミニカ政府である。訴えたのは全てアメリカ企業、提訴内容は絶滅危惧種保護、公共交通、水道・環境、電力といった国民の健康・安全・環境・生活基盤に係わる公共政策である。

　さらに第6章では最後に、ISDS訴訟にたずさわる一握りの仲裁人グループが多国籍企業の利益の代弁者として「ISDSムラ」を形成し、国民の健康・安全・環境・生活基盤を守る公共政策を食い物にする「ISDSビジネス」を

展開していることを紹介している。

　第六に、本書では独立して取り上げることができなかったが、一部は林業の章でも指摘されている政府調達（物品・サービスの購入、入札）における内外無差別の扱いや入札最低基準の引き下げの問題がある。その適用範囲の拡大について発効後3年以内に交渉を開始し、それ以前にも地方政府（自治体）の調達を対象とすることについて合意できるとしている。これにより、拡大する地域格差の下で、自治体が地域の産業振興をめざして行う様々な施策の機会が外資に奪われ、効果的な遂行を妨げられることになり、しかもそのことが将来の交渉に委ねられているという問題がある。

米韓FTAからみたTPP

　前述のISDSの事例は既存のFTA等からのものである。TPPは既存のFTAを拡大深化した面が多いので、既存事例に学ぶ意味は大きい。とくに米韓FTAはアメリカにより「TPPの参考に」に言われたものであり、またTPPにおける日米二国間並行協議においても「米国の自動車関税がTPP交渉における最も長い段階的な引き下げ期間により撤廃され、かつ、最大限に後ろ倒しされること、及び、この扱いは米韓FTAにおける米国の自動車関税の取り扱いを実質的に上回るものとなること」とされるように、米韓FTAを上回ることが至上目的とされている。そこで第8章で米韓FTAの最近の状況をとりあげた。

　第8章では、輸入増加と輸入価格低下の被害が集中しているのは農畜産物分野であり、その影響は各年変化ではつかめず、中長期的な視点が欠かせないことが指摘されている。

　また農協の保険サービスの監督官庁を金融委員会に移し、内外一般企業と同等の競争条件を整えること（イコールフッティング）が要求され、そうなると農協としても競争条件を確保するために信用・共済事業を分離し、民間企業に転換せざるを得なくなることが指摘され、「米韓FTAが信・共事業の分離を後押しした」とされている。

日本に対してもTPP交渉、農協「改革」の最中、在日米国商工会議所（ACCJ）が農協の信用事業を農水省から金融庁の監督下に移すべきことを要求し（米韓FTAにおけるアメリカの要求と全く同じ）、関連して員外利用、准組合員制度、独禁法適用除外について見直しを要求していることが思い起こされる。日本では「TPPが農協『改革』を後押しした」といえよう。

　ACCJは2016年に入り、かねてからの要求である共済について農水省等の監督から金融庁の監督に移すべきという主張を改めて行っている。信用事業についての第一段階をクリアした次に、韓国に対するのと同じ主張を日本に対しても通そうとしているわけで、TPPが批准されることになれば、ISDS条項の活用も考えられる。

　また米韓FTAでは再交渉・再協議が行われ、発効後は「履行機構会議」で分野別委員会・作業班等が設置され、履行監視と米韓FTA締結後の実質的変更が画されている点ではTPPは同じ轍を踏む可能性が高い。発効後3年間の秘密保持も3年以降の公開を約束したわけではないという点も、TPPの4年間秘匿が同様に扱われる（4年後も秘匿され続ける）可能性を示唆している。

　韓国はTPP「大筋合意」後に、いち早くTPP参加の意思を示した。〈米韓FTA→TPP→韓国のTPP参加〉という自由化スパイラルが自動回転しだしている。

TPPと農業の世代交代

　米韓FTAを機に韓国では畜産農家等の廃業（離農）が相次いでいる。そこには廃業支援の「追い出し効果」もあった。**第7章**に見るように、2015年農林業センサスでは、この5年間に家族経営や経営耕地面積、農業就業人口のかつてない減少をみた（農業就業人口の減少率は2000〜05年と同程度）。農業就業人口の平均年齢も66.3歳となり、就業人口の2/3を65歳が占め、かつこれまで絶対数として増えていた70歳代前半の層が減少しだしたことを示している。それは敗戦前後に生まれた農業者が大量にリタイアし始めたこと

を示唆する。

　第1章で指摘したように、TPPの真の影響は、TPPの批准と否とにかかわらず、中高年農業者の離農、担い手農業者の投資手控え、青年層の新規就農意欲の減退として現れる点にある。要するにTPPは日本農業の世代交代期と時を同じくしつつ、それを加速する外圧として作用する。

　そのような時、自民党の農林部会長という、従来は自民党農林族の長老級が座るポストに若干34歳の小泉進次郎が就任した。彼はTPP賛成を公言し、農林中金・農協金融不要論、全農株式会社論、企業の農地所有権取得容認等をぶちあげつつ、TPP対策としての骨太方針策定のトップに座り、規制改革会議・産業競争力会議という農協「改革」の口切りになった財界系政府機関と一緒になって農業生産資材価格の引き下げを追求しようとしている。〈TPPに反対する全中を封じ込める農協「改革」→TPP「大筋合意」→TPP対策としての生産資材価格引き下げ→さらなる農協「改革」〉というメカニズムの要に小泉進次郎を据えたわけである。

　その含意はしかしさらにその先にある。先の〈TPP→世代交代〉により登場する若い農業者を引き付け、その心をつかみ、新自由主義の方に引き寄せる。そのためにこそ、若く国民的人気をもつ小泉ジュニアを担ぎ出したといえる。

　かくして若い農業青年、新たな担い手農業者のハートを、農協等の既存の農業者の組織がつかむのか、それとも新自由主義の側がつかむのか、そのせめぎあいが始まっている。共販組織、部会組織、青年部、女性部等の伝統ある農業者組織は、その伝統のゆえに制度疲労を起こしていないか。TPPは世代交代を促すという意味で、このような問題を突きつけている。組織の革新、若返り、個人（個別経営）の自由（創意工夫）と協同の両立こそが農協「改革」の真の課題だといえる。

　しかも官邸や財界が狙うのはたんなる世代交代ではない。第7章では、農業後退的な局面の中で大規模層が伸び、農地集積率を高めてきたが、その動きが集落営農化の一段落もあってか鈍化したことを指摘している。TPPはこ

のような農業内部からの構造変革の動きにブレーキをかけかねない。

それに対して経団連会長はTPP大筋合意の直後、企業の農業参入の促進を訴えた。彼らが規制撤廃の突破口に位置づけている国家戦略特区では、農地を所有できる農業生産法人への企業等の農外者の出資を1/2以上に拡大することとした(9)。これは農外企業が農業生産法人を支配し、実質的に農地の所有権を取得できることを意味する。当面は養父市に限定するが、そのような限定は特区の前例からしても時を経ずして取り払われる。家族経営や集落営農に代って農外企業の参入を農業の主体にすること。これが世代交代の真の狙いである。

じっくり国民的論議を

TPPは署名から2年以内に12カ国が手続きを完了しない場合は、合計で12カ国のGDPの85％以上を占める6カ国以上の通知が発効条件とされている。GDPの割合はアメリカが62％、日本が16.5％であり、米日が手続き完了しないことには発効しない。とくにアメリカが決定権を握っており、TPPはアメリカの意向次第である。そこから言えることは、少なくともアメリカが動かないのに日本が動く必要はないということである。

そのアメリカは大統領選たけなわであり、5月18日までに国際貿易委員会（ITC）が議会に影響評分析を報告することとしている。その内容は、TPPを通すために最大限のアメリカ勝利を印象づける（いいかえれば日本の大幅な輸入増）ものと予想され、それでも議会はさらなる譲歩を他国から勝ち取ることをTPP受け入れの絶対条件とするだろう。そのために再協議を求めることは、一度は無理矢理合意したパンドラの箱を開けることになるから、それを避けるべく二国間の秘密交渉として水面下に潜ることになるだろう。こうしてアメリカはあくまでマイペースで最大限に利益を引き出そうとじっく

---

(9) 校正時には、この案は、当初の農業生産法人の要件緩和、次いで特定農地所有法人という案を経て、養父市の農業特区に限定して企業の農地所有を認める案となった（3月2日）。しかし事の本質は変わらない。

り構えている。

　しかるに日本では今通常国会での審議・批准を急いでいる。メディアも「日米はTPP発効急ぎ拡大を主導せよ」（日経、2016年2月5日社説）と煽っている。だが前述のようにTPPはアメリカ次第である。そのアメリカが動かないうちに日本が批准を焦ることは無意味である。政権は、日本が批准の先頭を切って他国を引っ張る指導者気分でいるが、他のTPP参加諸国は日本がアメリカの追随者に過ぎないことを交渉過程で十分に見抜いている。その日本が批准を急いでも、二階に上がってはしごを外されるだけのことは目に見えている。

　では、今、日本は何をなすべきなのか。農林水産業については、第1章でみたように政府は国内対策を講じることでTPPの国内農業生産への影響を遮断できるとしている。その国内対策を11月25日に総合的TPP関連政策大綱として決めたが、それは補正予算、2016年度予算に間に合わせるためのものに過ぎず、内容的にもTPPの如何に関わらず必要な施策であり、固有のTPP対策とは言い難い。自民党は「生産者の努力では対応できないこと」に対するTPP関連対策を2016年秋までに具体化するとしているが、そのこと自体が現状の国内対策の不備を意味する。とすれば、国内対策を前提としてTPPが国会決議に反しないとした、その前提が政府としても整っていないことを意味する。

　そこで日本が今やるべきことは、第一に、国内対策を前提とするのではない、TPPの純粋な影響を再試算すること、第二に、それが国会決議に反していないか確認すること、仮にその点が水掛け論になったとしても、第三に、第一の真の影響を遮断しうる国内対策がありうるか、あるとしたらどんなものかを明らかにすること、第四に、それに要する財政を政府が保障しうるのか、国民的合意が可能かを見極めること、である。少なくとも第一と第三の整合性がとれなければ第四の国民的合意は難しい。

　以上は農林水産業についてだが、食の安全性、医療、安全・安心・環境を守る国民主権といった国民生活への影響については、多くの点が発効後の委

員会や協議等に委ねられており、TPP発効後に実際にどうなるか「わからない」点が多いこと最大の問題である。「行先の分からないバスにともかく乗せてしまうこと」——これがTPP批准を焦る理由である。それに対して、将来に決定を委ねられている事項についての日本としてのゆるぎない方針を予め確認する必要がある。

　これらの点を明確にしたうえで批准の可否を決めるべきである。そのためには相当の時間を要する。決して批准を焦ってはならない。

　官邸権力の狙いはともかく日本が批准のトップを切ってTPPでアメリカの露払いをして日米同盟とアベノミクスを強化し、憲法改正につなげていくことである。政権党の狙いは国内対策で農村票を買収し参院選で多数議席を獲得することである。マスメディアはその国内対策をバラマキと批判することで農林水産分野の孤立を狙う。このような状況を打破するには、TPPが国民生活に深く関わる問題であることを明らかにし、国民的な連帯、諸国民の連帯を拡げていくことである。

執筆者紹介

第2章　東山　寛（ひがしやま　かん）
1967年北海道生まれ、北海道大学大学院農学研究科博士課程修了、博士（農学）。北海道大学大学院農学研究院准教授。専門は農業経済学／農業経営学。近著に『TPP反対は次世代への責任』（共著）農文協、2016年。

第3章　佐藤　宣子（さとう　のりこ）
1961年福岡県生まれ、九州大学大学院農学研究科博士課程修了、農学博士。九州大学大学院農学研究院教授。専門は森林政策学。近著に『林業新時代―「自伐（じばつ）」がひらく農林家の未来―』（共著）2014年、農文協。

第4章　山浦　康明（やまうら　やすあき）
1949年東京都生まれ、早稲田大学大学院法学研究科博士課程満期退学。日本消費者連盟前共同代表／明治大学法学部兼任講師。専門は法社会学、経済法・消費者法。近著に『カルタヘナ法は生物多様性の砦となるか』共著（市民セクター政策機構）。

第5章　東　公敏（ひがし　きみとし）
1960年三重県生まれ、横浜国立大学経済学部卒業。日本文化厚生農業協同組合連合会常務理事。専門は協同組合医療・福祉、農協生活事業・生活活動。

第6章　磯田　宏（いそだ　ひろし）
1960年埼玉県生まれ、九州大学大学院農学研究科博士課程退学、博士（農学）。九州大学大学院農学研究院准教授。専門は農業政策論・アメリカ農業論。近著に『アグロフュエル・ブーム下の米国エタノール産業と穀作農業の構造変化』筑波書房、2016年。

第7章　江川　章（えがわ　あきら）
1968年長崎県生まれ、九州大学大学院農学研究科博士課程中退、博士（農学）。中央大学経済学部准教授。専門は農業経済論。近著に『新規就農を支える地域の実践』（共著）農林統計出版、2014年。

第8章　品川　優（しながわ　まさる）
1973年徳島県生まれ、横浜国立大学大学院国際社会科学研究科博士課程後期修了、博士（経済学）。佐賀大学経済学部教授。専門は農業政策。近著に『FTA戦略下の韓国農業』筑波書房、2015年。

編著者略歴

田代　洋一（たしろ　よういち）
1943年千葉県生まれ、東京教育大学文学部卒、博士（経済学）。
横浜国立大学・大妻女子大学名誉教授。専門は農業政策。
近著に『地域農業の持続システム』農文協、2016年。

TPPと農林業・国民生活

2016年4月15日　第1版第1刷発行

編著者　田代洋一
発行者　鶴見治彦
発行所　筑波書房
　　　　東京都新宿区神楽坂2－19 銀鈴会館
　　　　〒162－0825
　　　　電話03（3267）8599
　　　　郵便振替00150－3－39715
　　　　http://www.tsukuba-shobo.co.jp

定価はカバーに表示してあります

印刷／製本　平河工業社
© Yoichi Tashiro 2016 Printed in Japan
ISBN978-4-8119-0485-6 C0033